CORTINA METHOD

CONVERSATIONAL BRAZILIAN-PORTUGUESE

ILLUSTRATED

Intended for self-study and for use in schools

By

EDWIN B. WILLIAMS, Ph.D., LL.D.

PROFESSOR OF ROMANCE LANGUAGES
UNIVERSITY OF PENNSYLVANIA

and

MARIALICE PESSOA

An Owl Book

HENRY HOLT AND COMPANY

New York

CORTINA LEARNING INTERNATIONAL, INC.

Publishers • WESTPORT, CT 06880

Cataloging Information

Cortina Method Conversational Brazilian-Portuguese, intended for self-study and for use in schools, by Edwin B. Williams and Marialice Pessoa. New York, R. D. Cortina Co., 1977.
k86 p. 21 cm.

1. Portuguese language—Conversation and phrase books. 2. Portuguese language—Provincialisms—Brazil. 3. Portuguese language—Self-instruction. I. Pessoa, Marialice, joint author. II. Title.
PC5444.W47 1977 469.7988242 60-12905
ISBN 0-8327-0006-1 (hardbound)
ISBN 0-8327-0017-7 (paperback)

Printed in the United States of America
HH Editions 9 8 7 6 5 **1100-7.5M**

PREFACE

THERE ARE MANY reasons why a practical knowledge of Portuguese is both desirable and profitable for forward-looking Americans. During the postwar years the United States has developed far deeper political, economic, and cultural ties with both Brazil and Portugal than ever before. It is certain that American influence with both the Brazilian and the Portuguese people will continue to be enormous for many years to come. This textbook which teaches standard Portuguese with emphasis on Brazilian usage is designed to help the communication between our peoples.

Portugal and especially Brazil are undergoing tremendous changes in their economic life. An intensive program of industrialization and construction will make Brazil one of the best developed countries of the Western hemisphere with great international market potentialities, providing new profitable contacts for enterprising Americans.

Business and governmental activities make it necessary for many Americans to live in or visit Portugal or Brazil. These contacts will have far-reaching effects in coming years, and it is clear that mutual understanding will be facilitated by a knowledge of the Portuguese language. Nothing engenders confidence and respect so much as being able to converse with people in their own language. And, naturally, the atmosphere thus created will make the American's stay in Brazil, Portugal, and the Portuguese possessions like Macao more profitable, interesting, and pleasant. Those who have a knowledge of the language are the best ambassadors for the United States in these important countries.

Last, but not least, Brazil and Portugal offer enchantment to the American tourist, with a variety of scenery, customs, local color in architecture, clothing, sculpture, festivals, and picturesque markets. Excellent hotel accommodations, delicious food, and meticulous service are all available at very low cost. And with a knowledge of Portuguese you are free to travel to intriguing places that the ordinary tourist never sees.

All these are good reasons for studying Portuguese, which is listed as one of the six most critical languages in the National Defense Educational Act, and the *Cortina Method* makes the study easy for you. The interesting lessons consist of normal everyday conversations and a wealth of useful expressions. The exercises are based on the conversations and make you familiar with a wide variety of words and phrases.

Language is habit! We are constantly expressing thoughts and ideas in speech, from habit, without paying attention to the words, phrases or idioms we use. When we say "How do you do?", "I've had a wonderful trip," "All right, let's go," we do so spontaneously. We are merely repeating a speech pattern that we have used so many times before that it has become automatic. Repetition, therefore, is the basis of language learning, and this is exactly the idea underlying the *Cortina Method:* to utilize the student's native language ability in the mastery of basic language patterns used in everyday topics, which the student absorbs and which encourage him to learn much faster than he would otherwise. The words are put to use right from the beginning, adding color and excitement to the lessons and absorbing the student's attention. The lessons may be studied with little or no reference to grammar. However, a practical and easy-to-understand Grammar is provided, which is tied closely to the lessons, for those who wish to use it. This grammar is both functional and systematic. As each new point appears, there is a superior number (e.g.[12]) in the conversation text which indicates the section of the Grammar where that topic is discussed. The student may, if he likes, read the entire topic but many will prefer to study only as much of the grammar topic as may be necessary to understand the particular sentence or phrase of the text.

The Vocabulary and Index provided at the end of the book is more than a vocabulary and should be consulted even when the text is perfectly clear, for not only are the words of the text included and their construction explained, but many other words related in form and meaning are given as well. This feature will aid the student in remembering the words he is learning and enable him to acquire a vocabulary of related words, and at the same time lead him to an understanding of Portuguese word-formation. Also in this section of the book he will find all the inflected forms used in the text and notes as to how they are identified.

TABLE OF CONTENTS

Cortina's

CONVERSATIONAL BRAZILIAN-PORTUGUESE

1 Lição I (primeira)

ainda still, yet
bem well
com with
comigo[98] with me
desejar to wish, to desire
e and
em at, in
espanhol Spanish
estudar to study
falar to speak
francês French
inglês English
italiano Italian
João John
língua language
Lisboa Lisbon
Londres London
mal badly, poorly
Maria Mary
mas but
morar to live
muito much, a great deal; very
não not; no
não é? is it not so?
Nova York New York
onde? where?
ou or
París Paris
português Portuguese
pouco little
que? what?
quem? who?, whom?
Roma Rome
senhor sir
senhora madam, ma'am
sim yes
sòmente only
também also, too
você you

	Portuguese	English
	Falo[124] português.	I speak Portuguese.
	Fala espanhol.	He speaks Spanish.
	Você também fala espanhol.	You speak Spanish too.
	Falamos francês.	We speak French.
5	Vocês falam português.	You speak Portuguese.
	Falam italiano e francês.	They speak Italian and French.
	Você fala[125] bem português? Não, senhor, falo português muito mal.	Do you speak Portuguese well? No, sir, I speak Portuguese very badly.
10	Você fala bem espanhol? Não, senhor, não falo[125] bem espanhol.	Do you speak Spanish well? No, sir, I do not speak Spanish well.
	Falam português em Lisboa e falam inglês em Londres.	They speak Portuguese in Lisbon and they speak English in London.
	Você fala espanhol, não é? Falo,[102] sim.	You speak Spanish, do you not? Yes, I do.
15	Vocês falam francês ou italiano? Falamos italiano.	Do you speak French or Italian? We speak Italian.
	Você não fala inglês. E João também não fala.[102]	You do not speak English. And John does not speak it either.
	Falo sòmente português.	I speak only Portuguese.

	Portuguese	English
20	Você estuda[124] português? Sim, senhor, estudo português e também espanhol.	Are you studying Portuguese? Yes, sir, I am studying Portuguese and also Spanish.
	Vocês estudam muito? Não, senhor, estudamos pouco.	Do you study much? No, sir, we study little.

	Portuguese	English
	Moro[124] em Lisboa. Onde você mora? Moro em Nova York.[43]	I live in Lisbon. Where do you live? I live in New York.
25	João mora ainda em París? Sim, senhor, ainda mora em París.	Does John still live in Paris? Yes, sir, he still lives in Paris.

Maria mora com você? Sim, senhora, mora comigo.
Does Mary live with you? Yes, ma'am, she lives with me.

Moro em Londres, mas João mora em Lisboa.
I live in London, but John lives in Lisbon.

Você deseja[124, 195] morar comigo?
Do you wish to live with me?

Sim, desejo morar com você.
Yes, I wish to live with you.

Maria deseja estudar português? Sim, Maria deseja estudar português e espanhol.
Does Mary wish to study Portuguese? Yes, Mary wishes to study Portuguese and Spanish.

Desejamos também estudar espanhol.
We also wish to study Spanish.

Você fala italiano muito bem.
You speak Italian very well.

Deseja morar em Roma? Sim, senhora, desejo morar em Roma.
Do you wish to live in Rome? Yes, ma'am, I wish to live in Rome.

Que[112] língua você fala? Falo inglês.
What language do you speak? I speak English.

Que língua falam em Lisboa?
What language do they speak in Lisbon?

Falam português em Lisboa.
They speak Portuguese in Lisbon.

Quem[113] mora em Lisboa? João mora em Lisboa.
Who lives in Lisbon? John lives in Lisbon.

Com quem[113] você deseja falar português? Desejo falar português com você.
With whom do you wish to speak Portuguese? I wish to speak Portuguese with you.

Onde você deseja morar? Desejo morar em Lisboa. Não desejo morar em París.
Where do you wish to live? I wish to live in Lisbon. I do not wish to live in Paris.

Exercises

Você fala português?—Falo, sim.

Do you speak Portuguese? Yes, I do.

Você fala espanhol?—Falo, sim.
Você fala francês?—Falo, sim.
Você fala italiano?—Falo, sim.
Você fala inglês?—Falo, sim.

João fala português?—Não, senhor, não fala.

Does John speak Portuguese? No, sir, he does not.

João fala francês?—Não, senhor, não fala.
João fala espanhol?—Não, senhor, não fala.
João fala inglês?—Não, senhor, não fala.
João fala italiano?—Não, senhor, não fala.

Você estuda português?—Não, senhora, não estudo.

Are you studying Portuguese? No, ma'am, I am not studying it.

Você estuda espanhol?—Não, senhora, não estudo.
Você estuda italiano?—Não, senhora, não estudo.
Você estuda francês?—Não, senhora, não estudo.
Você estuda inglês?—Não, senhora, não estudo.

Vocês falam bem português, não é?—Não, senhor, falamos português muito mal.

You speak Portuguese well, do you not? No, sir, we speak Portuguese very badly.

Vocês falam bem francês, não é?—Não, senhor, falamos francês muito mal.
Vocês falam bem espanhol, não é?—Não, senhor, falamos espanhol muito mal.
Vocês falam bem italiano, não é?—Não, senhor, falamos italiano muito mal.
Vocês falam bem inglês, não é?—Não, senhor, falamos inglês muito mal.

Não falo espanhol e João também não fala.

I do not speak Spanish and John does not speak it either.

Não falo francês e João também não fala.
Não falo inglês e João também não fala.
Não falo português e João também não fala.
Não falo italiano e Maria também não fala.

Você fala sòmente italiano, não é?—Não, senhor, também falo espanhol.

You speak only Italian, do you not? No, sir, I also speak Spanish.

Você fala sòmente francês, não é?—Não, senhor, também falo português.
Você fala sòmente espanhol, não é?—Não, senhor, também falo italiano.
Você fala sòmente português, não é?—Não, senhor, também falo inglês.
Você fala sòmente inglês, não é?—Não, senhor, também falo francês.

Vocês estudam muito francês?—Não, senhor, estudamos pouco.

Do you study French a great deal? No, sir, we study it little.

Vocês estudam muito espanhol?—Não, senhor, estudamos pouco.
Vocês estudam muito inglês?—Não, senhor, estudamos pouco.
Vocês estudam muito italiano?—Não, senhor, estudamos pouco.
Vocês estudam muito português?—Não, senhor, estudamos pouco.

Você ainda estuda português?—Sim, senhora, ainda estudo português.

Are you still studying Portuguese? Yes, madam, I am still studying Portuguese.

Você ainda estuda francês?—Sim, senhora, ainda estudo francês.
Você ainda estuda italiano?—Sim, senhora, ainda estudo italiano.
Você ainda estuda espanhol?—Sim, senhora, ainda estudo espanhol.
Você ainda estuda inglês?—Sim, senhora, ainda estudo inglês.

Quem deseja morar em Lisboa?—Maria deseja morar em Lisboa.

Who wishes to live in Lisbon? Mary wishes to live in Lisbon.

Quem deseja morar em Nova York?—Maria deseja morar em Nova York.
Quem deseja morar em París?—Maria deseja morar em París.
Quem deseja morar em Londres?—Maria deseja morar em Londres.
Quem deseja morar em Roma?—Maria deseja morar em Roma.

Você deseja estudar espanhol ou italiano?—Desejo estudar espanhol mas não italiano.
Do you wish to study Spanish or Italian? I wish to study Spanish, but not Italian.
Você deseja estudar francês ou inglês?—Desejo estudar francês mas não inglês.
Você deseja estudar inglês ou português?—Desejo estudar inglês mas não português.
Vocês deseja estudar português ou espanhol?—Desejo estudar português mas não espanhol.
Você deseja estudar italiano ou francês?—Desejo estudar italiano mas não francês.

Desejam falar francês?—Sim, senhora, desejam falar francês e também português.
Do they wish to speak French? Yes, madam, they wish to speak French and also Portuguese.
Desejam falar inglês?—Sim, senhora, desejam falar inglês e também espanhol.
Desejam falar italiano?—Sim, senhora, desejam falar italiano e também francês.
Desejam falar espanhol?—Sim, senhora, desejam falar espanhol e também inglês.
Desejam falar português?—Sim, senhora, desejam falar português e também italiano.

Vocês moram em Lisboa, não é?—Não, senhor, não moramos em Lisboa.
You live in Lisbon, do you not? No, sir, we do not live in Lisbon.
Vocês moram em Nova York, não é?—Não, senhor, não moramos em Nova York.
Vocês moram em Londres, não é?—Não, senhor, não moramos em Londres.
Vocês moram em Roma, não é?—Não, senhor, não moramos em Roma
Vocês moram em París, não é?—Não, senhor, não moramos em París.

Que língua falam em Nova York?—Falam inglês em Nova York.
What language do they speak in New York? They speak English in New York.
Que língua falam em Roma?—Falam italiano em Roma.
Que língua falam em París?—Falam francês em París.
Que língua falam em Londres?—Falam inglês em Londres.
Que língua falam em Lisboa?—Falam português em Lisboa.

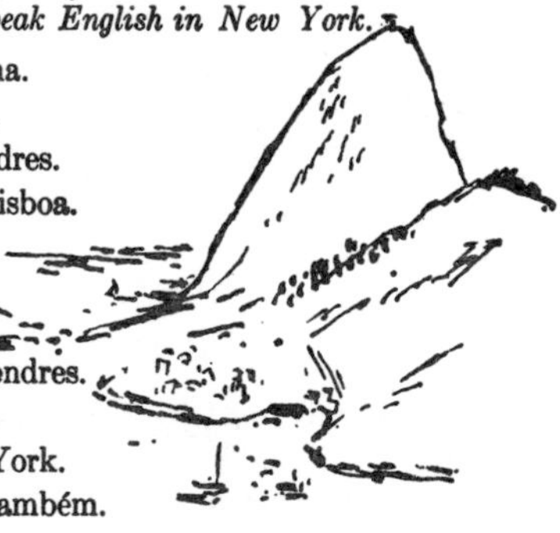

Moro em París. Onde você mora?—Moro em Lisboa.
I live in Paris. Where do you live?
Moro em Nova York. Onde você mora?—Moro em Londres.
Moro em Londres. Onde você mora?—Moro em París.
Moro em Lisboa. Onde você mora?—Moro em Nova York.
Moro em Roma. Onde você mora?—Moro em Roma também.

Com quem vocês desejam falar português?—Desejamos falar português com João.
With whom do you wish to speak Portuguese? We wish to speak Portuguese with John.
Com quem vocês desejam falar inglês?—Desejamos falar inglês com Maria.
Com quem vocês desejam falar francês?—Desejamos falar francês com João.
Com quem vocês desejam falar espanhol?—Desejamos falar espanhol com João.
Com quem vocês desejam falar italiano?—Desejamos falar italiano com Maria.

2 Lição II (segunda)

a to
alemão German
aplicado studious, industrious
bastante enough
brasileiro Brazilian
a casa the house
dar to give
de of
depressa fast
devagar slowly
é is, he is, she is
você é you are
ensinar to teach
faz favor de please
gostar de to like
o jornal the newspaper
José Joseph
o livro the book
mais more
mesmo same
norte-americano American (of the U.S.A.)
a pensão the boarding-house
por que? why?
porque because
preguiçoso lazy
o professor the professor, the teacher
o Rio (de Janeiro) Rio de Janeiro
sempre always
sou I am
trabalhar to work
um, uma a
vizinho neighboring, next door

Você ensina a[50] língua italiana?[62] Sim, ensino a língua italiana.
Quem ensina[124] a língua portuguêsa? O[50] professor ensina a língua portuguêsa. É bra-
5 sileiro e fala muito bem português.

Do you teach the Italian language? Yes, sir, I teach the Italian language.
Who teaches the Portuguese language? The professor teaches the Portuguese language. He is a Brazilian and speaks Portuguese very well.

Quem estuda com o[41] professor? José estuda com o professor.
Por que você fala sempre com o professor?
Porque gosto[124] de[198] falar português.
10 Quem fala a língua espanhola?
O professor fala também a língua espanhola.

Who is studying with the professor? Joseph is studying with the professor.
Why are you always speaking with the professor? Because I like to speak Portuguese.
Who speaks the Spanish language?
The professor speaks the Spanish language also.

José gosta de[40, 196] estudar? Não, senhor, não gosta.
Por que não gosta de estudar? Não gosta de
15 estudar porque é preguiçoso.
Maria gosta de estudar? Não, senhor, não gosta de estudar porque é preguiçosa.[62, 64]
Você também é preguiçoso? Não, senhor, sou aplicado.
20 João gosta muito da língua portuguêsa.[69]

Does Joseph like to study? No, sir, he does not like to.
Why does he not like to study? He does not like to study because he is lazy.
Does Mary like to study? No, sir, she does not like to study because she is lazy.
Are you lazy too? No, sir, I am studious.
John likes the Portuguese language very much.

Onde você mora? Moro em uma pensão.	Where do you live? I live in a boarding-house.
Onde José mora? Mora na mesma pensão.	Where does Joseph live? He lives in the same boarding-house.
Onde Maria mora? Mora na casa vizinha.[63]	Where does Mary live? She lives in the house next door.
Onde o professor mora? Mora no Rio.	Where does the professor live? He lives in Rio de Janeiro.

Portuguese	English
25 O que[112] é isso? É um livro alemão. É o livro do professor.	What is that? It is a German book. It is the book of the professor.
De quem[114] é o jornal? O jornal é[147] do professor também.	Whose newspaper is that? The newspaper is the professor's also.
O que[112] ensina o professor? Ensina a língua 30 alemã.[66]	What does the professor teach? He teaches the German language.

Portuguese	English
Sou norte-americano e falo inglês.	I am an American and I speak English.
João é brasileiro e fala português.	John is a Brazilian and he speaks Portuguese.
Moro no Rio de Janeiro e falo também o português.	I live in Rio de Janeiro and I speak Portuguese too.
35 José é português mas Maria é inglêsa.[69]	Joseph is Portuguese but Mary is English.
A casa é francesa[69] e a pensão é espanhola.[69]	The house is French and the boarding-house is Spanish.

Portuguese	English
Você fala sempre depressa. Faz favor de falar mais devagar.[77]	You always speak fast. Please speak more slowly.
Fale[134] devagar. Não fale depressa.	Speak slowly. Don't speak fast.
40 Trabalhem[134] muito.	Work hard.
João trabalha muito mas José trabalha pouco. José não trabalha bastante.	John works hard but Joseph works little. Joseph does not work enough.

Portuguese	English
Você dá[132] um livro a João ou a Maria?	Are you giving a book to John or Mary?
Dou[132] um livro a João.	I am giving a book to John.
45 O que vocês dão ao[52] professor?	What are you giving to the professor?
Damos um jornal ao professor.	We are giving a newspaper to the professor.
Dê[137] o livro a João.	Give the book to John.
Dêem[137] o jornal a Maria.	Give the newspaper to Mary.

Exercises

Quem ensina a língua italiana?—O professor ensina a língua italiana.

Who teaches the Italian language? The professor teaches the Italian language.

Quem ensina a língua portuguêsa?—José ensina a língua portuguêsa.
Quem ensina a língua francesa?—Maria ensina a língua francesa.
Quem ensina a língua inglêsa?—João ensina a língua inglêsa.
Quem ensina a língua espanhola?—Você ensina a língua espanhola.

Você gosta de ensinar alemão?—Sim, senhor, gosto de ensinar alemão.

Do you like to teach German? Yes, sir, I like to teach German.

Você gosta de ensinar francês?—Sim, senhor, gosto de ensinar francês.
Você gosta de ensinar italiano?—Sim, senhor, gosto de ensinar italiano.
Você gosta de ensinar português?—Não, senhor, não gosto de ensinar português.
Você gosta de ensinar inglês?—Não, senhor, não gosto de ensinar inglês.
Você gosta de ensinar espanhol?—Sim, senhor, gosto de ensinar espanhol.

Maria gosta da língua portuguêsa?—Não, senhor, não gosta.

Does Mary like the Portuguese language? No, sir, she does not.

José gosta da língua alemã—Não, senhor, não gosta.
João gosta da língua espanhola?—Sim, senhor, gosta.
O professor gosta da língua francesa?—Não, senhor, não gosta.

Vocês ensinam em Lisboa?—Sim, senhora, ensinamos em Lisboa.

Do you teach in Lisbon? Yes, ma'am, we teach in Lisbon.

Vocês ensinam em Nova York?—Sim, senhora, ensinamos em Nova York.
Vocês ensinam em Londres?—Sim, senhor, ensinamos em Londres.
Vocês ensinam no Rio?—Sim, senhora, ensinamos no Rio.
Vocês ensinam em Roma?—Sim, senhor, ensinamos em Roma.
Vocês ensinam em París?—Sim, senhor, ensinamos em París.

Você ensina português, não é?—Não, senhor, ensino italiano.

You teach Portuguese, do you not? No, sir, I teach Italian.

Você ensina espanhol, não é?—Não, senhor, ensino francês.
Você ensina inglês, não é?—Não, senhor, ensino português.
Você ensina alemão, não é?—Não, senhor, ensino inglês.
Você ensina francês, não é?—Não, senhor, ensino espanhol.
Você ensina italiano, não é?—Não, senhor, ensino alemão.

Por que João não trabalha?—Não trabalha porque é preguiçoso.

Why does John not work? He does not work because he is lazy.

Por que Maria não trabalha?—Não trabalha porque é preguiçosa.
Por que José não trabalha?—Não trabalha porque é preguiçoso.
Por que o professor não trabalha?—Não trabalha porque é preguiçoso.
Por que você não trabalha?—Não trabalho porque sou preguiçoso.

João fala bem português?—Sim, senhora, fala bem porque é aplicado.

Does John speak Portuguese well? Yes, ma'am, he speak well because he is studious.

Maria fala bem italiano?—Sim, senhora, fala bem porque é aplicada.
José fala bem alemão?—Sim, senhora, fala bem porque é aplicado.
O professor fala bem espanhol?—Sim, senhora, fala bem porque é aplicado.
Você fala bem francés?—Sim, senhora, falo bem porque sou aplicado.

Vocês gostam de morar no Rio?—Sim, senhor, gostamos.

Do you like to live in Rio? Yes, sir, we do.

Vocês gostam de morar em Nova York?—Sim, senhor, gostamos.
Vocês gostam de morar em París?—Sim, senhor, gostamos.
Vocês gostam de morar em Londres?—Sim, senhor, gostamos.
Vocês gostam de morar em Lisboa?—Sim, senhor, gostamos.
Vocês gostam de morar em Roma?—Sim, senhor, gostamos.

Por que o professor mora em uma pensão francesa?—Porque gosta de falar francês.

Why is the professor living in a French boarding-house? Because he likes to speak French.

Por que Maria mora em uma pensão espanhola?—Porque gosta de falar espanhol.
Por que José mora em uma pensão italiana?—Porque gosta de falar italiano.
Por que João mora em uma pensão alemã?—Porque gosta de falar alemão.
Por que você mora em uma pensão portuguêsa?—Porque gosto de falar português.

Onde João trabalha?—Trabalha na Casa Inglêsa.

Where does John work? He works in the English House.

Onde Maria trabalha?—Trabalha na Casa Alemã.
Onde José trabalha?—Trabalha na mesma casa.
Onde o professor trabalha?—Trabalha na casa vizinha.

Sou francês mas falo português.

I am a Frenchman but I speak Portuguese.

João é brasileiro mas fala inglês.
Maria é italiana mas fala alemão.
O professor é português mas fala espanhol.
José é alemão mas fala italiano.

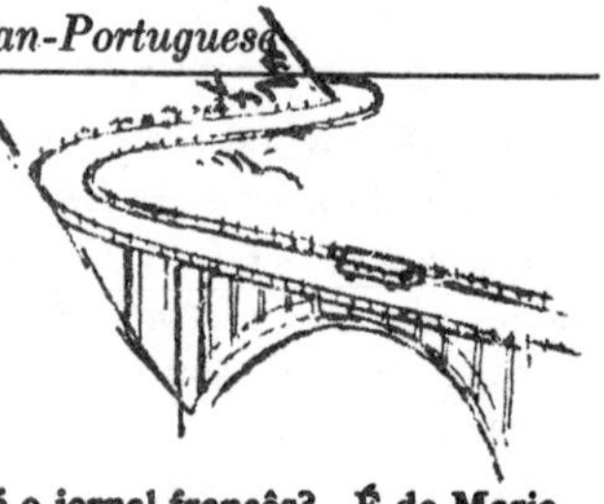

Você gosta do jornal português?—Sim, senhor, gosto.

Do you like the Portuguese newspaper? Yes, sir, I do.

Vocês gostam do livro alemão?—Sim, senhor, gostamos.
Maria gosta da casa inglêsa?—Sim, senhor, gosta.
Gostam da pensão espanhola?—Sim, senhor, gostam.
José gosta do Rio?—Sim, senhor, gosta.

O que é isso?—É um jornal alemão.

What is that? It is a German newspaper.

O que é isso?—É um livro inglês.
O que é isso?—É um jornal espanhol.
O que é isso?—É um livro francês.
O que é isso?—É um jornal português.

De quem é o jornal francês?—É de Maria.

Whose French newspaper is this? It is Mary's.

De quem é o jornal inglês?—É do professor.
De quem é o livro espanhol?—É de José.
De quem é o jornal italiano?—É de João.
De quem é o livro português?—É de Maria.

Vocês trabalham no Rio, não é?—Sim, senhora, trabalhamos no Rio.

You work in Rio, do you not? Yes, ma'am, we work in Rio.

Vocês trabalham em Nova York, não é?—Sim, senhor, trabalhamos em Nova York.
Vocês trabalham em Lisboa, não é?—Sim, senhor, trabalhamos em Lisboa.
Vocês trabalham em París, não é?—Não, senhora, não trabalhamos em París.
Vocês trabalham em Roma, não é?—Sim, senhora, trabalhamos em Roma.

João fala português depressa?—Sim, senhor, mas não fala muito bem.

Does John speak Portuguese fast? Yes, sir, but he does not speak it very well.

Maria fala italiano depressa?—Sim, senhor, mas não fala muito bem.
José fala alemão depressa?—Sim, senhora, mas não fala muito bem.
O professor fala espanhol depressa?—Sim, senhor, mas não fala muito bem.
Você fala alemão depressa?—Sim, senhor, mas não falo muito bem.

João trabalha muito?—Sim, senhora, mas não trabalha bastante.

Does John work hard? Yes, ma'am, but he does not work enough.

Você trabalha muito?—Sim, senhora, mas não trabalho bastante.
O professor trabalha muito?—Sim, senhor, mas não trabalha bastante.
Vocês trabalham muito?—Sim, senhor, mas não trabalhamos bastante.
João e Maria trabalham muito?—Sim, senhora, mas não trabalham bastante.

Faz favor de falar devagar.

Please speak slowly.

Faz favor de trabalhar muito.
Faz favor de estudar mais.
Faz favor de falar pouco.
Faz favor de estudar muito.
Faz favor de falar português.

Estude português comigo.

Study Portuguese with me.

Estude francês com o professor.
Estude inglês com João.
Não estude inglês comigo.
Não estude espanhol com Maria.
Estude alemão com José.

Ensine português mas fale italiano.

Teach Portuguese but speak Italian.

Ensine francês mas fale inglês.
Ensine alemão mas fale francês.
Ensine espanhol mas fale alemão.
Ensine italiano mas fale português.
Ensine inglês mas fale espanhol.

Estudem português e trabalhem muito.

Study Portuguese and work hard.

Estudem francês e trabalhem muito.
Estudem alemão e trabalhem muito.
Estudem espanhol e trabalhem muito.
Estudem italiano e trabalhem muito.

Falem mais devagar.

Speak more slowly.

Falem mais depressa.
Falem português comigo.
Falem francês com o professor.
Falem inglês mais devagar.
Falem italiano mais depressa.

Não falem depressa.

Don't speak fast.

Não falem francês comigo.
Não falem devagar.
Não falem francês com o professor.
Não falem alemão.

Você dá o livro a João?—Não, senhor, dou o livro a Maria.

Are you giving the book to John? No, sir, I am giving the book to Mary.

Você dá o livro ao professor?—Não, senhor, dou o livro a José.
Você dá o livro a Maria?—Não, senhor, dou o livro a João.
Você dá o livro a José?—Não, senhor, dou o livro ao professor.

Vocês dão o jornal francês ao professor?—Sim, senhor, damos o jornal francês ao professor.

Are you giving the French newspaper to the professor? Yes, sir, we are giving the French newspaper to the professor.

Vocês dão o jornal espanhol a Maria?—Sim, senhor, damos o jornal espanhol a Maria.
Vocês dão o jornal italiano a José?—Sim, senhora, damos o jornal alemão a José.
Vocês dão o livro alemão ao professor?—Não, senhor, não damos o livro alemão ao professor.
Vocês dão o jornal português a Maria?—Não, senhora, não damos o jornal português a Maria.

Dê o livro alemão a João.

Give the German book to John.

Dê o livro português a Maria.
Não dê o livro espanhol a José.
Não dê o jornal alemão ao professor.
Dê o livro italiano ao professor.
Dê o jornal francês a João.

Dêem um livro alemão a José.

Give a German book to Joseph.

Dêem um jornal italiano ao professor.
Não dêem o jornal português a José.
Dêem um livro francês a Maria.
Dêem o livro inglês a João.

3 Lição III (terceira)

o açúcar the sugar
a água the water
aprender to learn
beber to drink
o café the coffee
o café (da manhã) the breakfast
o cálice the glass
a carne the meat
o chá the tea
a chícara the cup
o chocolate the chocolate (drink)
comer to eat
compreender to understand
conosco[98] with us
o copo the glass, tumbler
hoje today
a laranja the orange
o leite the milk
lhe him, to him, her, to her, you, to you
a lição the lesson
a maçã the apple
a manhã the morning
me me, to me
obrigado thanks
o pão the bread
o pãozinho the roll
um pouquinho a little, a little bit
tomar to take
trazer to bring
o vinho the wine

Como[126] uma maçã.	I am eating an apple.
Come carne.	He is eating meat.
Você também come carne.	You are also eating meat.
Comemos pão.	We are eating bread.
5 Comem pão e carne.	They are eating bread and meat.
Bebo[126] leite.	I am drinking milk.
Bebe café.	He is drinking coffee.
Você bebe chocolate.	You are drinking chocolate.
Sempre bebemos vinho.	We always drink wine.
10 Bebem chá.	They drink tea.

Aprendo[126] a lição de português.	I am learning the Portuguese lesson.
Maria aprende a lição? Sim, é aplicada[63] e aprende a lição.	Is Mary learning the lesson? Yes, she is studious and is learning the lesson.
Vocês aprendem português? Aprendemos 15 português e espanhol.	Are you (pl.) learning Portuguese? We are learning Portuguese and Spanish.
João e Maria aprendem português também.	John and Mary are learning Portuguese too.

Não compreendo[126] a língua espanhola.	I do not understand the Spanish language.
José compreende o francês.	Joseph understands French.
Vocês não compreendem a língua alemã.	You (pl.) do not understand the German language.
20 Você compreende a lição de português? Compreendo,[102] sim.	Do you understand the Portuguese lesson? Yes, I do.

Coma[134] uma maçã.	Eat an apple.
Beba leite.	Drink some milk.

	Portuguese	English
	Aprenda português.	Learn Portuguese.
25	Estudem muito e aprendam a lição de português.	Study hard and learn the Portuguese lesson.

	Portuguese	English
	Trago[132] um cálice de vinho.	I bring a glass of wine.
	Traz uma chícara de chá.	He brings a cup of tea.
	Trazemos um copo de leite.	We bring a glass of milk.
30	Trazem um copo de água.	They bring a glass of water.
	Traga[136] o açúcar.	Bring the sugar.

	Portuguese	English
	Trago-lhe[100, 103] pão e um pouquinho de carne.	I am bringing you bread and a little meat.
	O garçon me[100] traz uma chícara de café, mas	The waiter is bringing me a cup of coffee,
35	não bebo café.	but I don't drink coffee.
	João me[100] traz um pãozinho.	John is bringing me a roll.
	Não lhe trazemos nada.	We are not bringing you anything.
	Garçon, traga-me uma chícara de chá. E passe-me um pãozinho.	Waiter, bring me a cup of tea and pass me a roll.
40	Dou-lhe café com leite. Maria me dá uma chícara de chocolate.	I am giving you coffee with milk. Mary is giving me a cup of chocolate.
	Dê-me um pouquinho de carne e um pãozinho.	Give me a little meat and a roll.
	Dê-lhe um cálice de vinho.	Give him a glass of wine.

	Portuguese	English
45	Você deseja um copo de leite? Obrigado, não desejo leite.	Do you wish a glass of milk? Thanks, I do not wish any milk.
	Não gosta de leite? Gosto sim, mas hoje tomo chocolate.	Don't you like milk? I do but today I am taking chocolate.
	Você toma o café com açúcar? Sempre tomo	Do you take sugar with your coffee? I always
50	o café com açúcar.	take sugar with my coffee.
	O que[112] você deseja tomar para o café da manhã? Não desejo tomar nada.	What do you want for breakfast? I don't want anything.
	Tome um pouquinho de água com o vinho.	Take a little water with your wine.

	Portuguese	English
	Acabo[198, 209] de beber um cálice de vinho.	I have just drunk a glass of wine. I don't
55	Não desejo beber mais.	wish to drink any more.
	Você acaba de comer uma maçã; coma[134] também uma laranja.	You have just eaten an apple; eat an orange too.
	Acabamos de falar com João e Maria.	We have just spoken with John and Mary.
	João e Maria acabam de falar conosco.	John and Mary have just spoken with us.

Exercises

O que você come?—Como uma maçã.

What are you eating? I am eating an apple.

O que João come?—João come pão.
O que Maria come?—Maria come carne.
O que José come?—José come um pãozinho.
O que vocês comem?—Não comemos nada.
O que como?—Você não come nada.

Você bebe vinho, não é?—Não, senhor, não bebo vinho.

You drink wine, do you not? No, sir, I do not drink wine.

João bebe café, não é?—Sim, senhora, bebe café e também chá.
Maria bebe leite, não é?—Não, senhor, não bebe leite.
João bebe chocolate, não é?—Sim, senhora, bebe chocolate.
Vocês bebem chá, não é?—Não, senhor, não bebemos chá.

O que você aprende?—Aprendo português, mas também desejo aprender espanhol.

What are you learning? I am learning Portuguese, but I wish to learn Spanish too.

O que Maria aprende?—Maria aprende espanhol, mas também deseja aprender francês.
O que João aprende?—João aprende italiano, mas não gosta do professor.
O que vocês aprendem?—Aprendemos alemão, mas não gostamos do professor.
O que José aprende?—José aprende francês, mas gosta mais da língua inglêsa.
O que você aprende?—Aprendo espanhol, mas gosto mais da língua francesa.
O que vocês aprendem?—Aprendemos sòmente espanhol, mas também desejamos aprender português.

Vocês compreendem a lição de francês?—Não, senhor, não compreendemos; não estudamos bastante.

Do you understand the French lesson? No, sir, we do not; we do not study enough.

Você compreende a lição de português?—Não, senhor, não compreendo; não estudo bastante.
O professor compreende a lição de alemão?—Sim, senhora, compreende; é muito aplicado.
Maria compreende a lição de italiano?—Não, senhor, não compreende; é preguiçosa e não estuda.
Você compreende a lição de espanhol para hoje?—Não, senhor, não compreendo. Sou preguiçoso e não estudo.
José o João compreendem a lição de português?—Não, senhora, não compreendem; não gostam da língua portuguêsa.

Coma um pãozinho.

Eat a roll.

Beba café com leite.
Bebam vinho.
Aprendam francês e espanhol.
Estude muito e aprenda sua lição.
Beba o café e passe-me a chícara.

O que o garçon lhe traz?—O garçon me traz um cálice de vinho.

What is the waiter bringing you? The waiter is bringing me a glass of wine.

O que João lhe traz?—João me traz uma chícara de chocolate.
O que Maria lhe traz?—Maria me traz um copo de leite.
O que o professor lhe traz?—Traz-me um livro.
O que José lhe traz?—Traz-me uma chícara de chá.

Por que o garçon lhe traz vinho?—Traz-me vinho po que não gosto de água.

Why is the waiter bringing you wine? He is bringing me wine because I do not like water.

Por que o garçon lhe traz chocolate?—O garçon me traz chocolate porque não bebo café.
Por que o garçon lhe traz uma chícara de chá?—Traz-me uma chícara de chá porque não bebo café.
Por que o garçon lhe traz leite?—O garçon me traz leite porque sempre gosto de tomar o café com leite.
Por que o garçon lhe traz uma maçã?—Não me traz uma maçã. Traz-me carne.

Dê-me café com leite e um pãozinho.

Give me coffee with milk and a roll.

Dê-me um pouquinho de carne.
Não me dê chá ou café.
Dê-me um cálice de vinho.
Não me dê nada, obrigado.
Dê a João uma chícara de café.
Não lhe dê uma chícara de café. Não lhe dê nada.

José deseja tomar café?—Sim, senhora, deseja.

Does Joseph wish to take coffee? Yes, ma'am, he does.

Maria deseja tomar chá?—Não, senhor, não deseja.
João deseja tomar chocolate?—Sim, senhor, gosta de chocolate.
Você deseja tomar vinho?—Não, senhor, não desejo tomar nada.
Vocês desejam tomar leite ou café?—Desejamos tomar leite.

Vocês me trazem um livro?—Sim, senhora, trazemos-lhe um livro italiano.

Are you bringing me a book? Yes, ma'am, we are bringing you an Italian book.

Os professores me trazem um livro francês?—Sim, senhor, trazem-lhe um livro francês e também um livro inglês.

Você me traz carne?—Sim, senhora, trago-lhe carne e também pão.

João me traz um jornal?—Sim, senhor, traz-lhe um jornal brasileiro.

Vocês me trazem um livro?—Não, senhora, não lhe trazemos nada.

Are you bringing me a book? No, ma'am, we are not bringing you anything.

Maria me traz café?—Não, senhora, não lhe traz café. Traz-lhe chá.

O professor me traz um livro francês?—Não, senhor, traz-lhe um livro espanhol.

João me traz um jornal?—Não, senhor, não lhe traz um jornal.

Você toma o café com açúcar?—Sim, senhora, tomo o café com açúcar.

Do you take sugar with your coffee? Yes, ma'am, I take sugar with my coffee.

João toma chocolate com leite?—Sim, senhor, toma chocolate com leite.

Maria toma o vinho com água?—Sim, senhora, toma o vinho com água.

José toma o chá com açúcar?—Não, senhor, não gosta de chá com açúcar.

Traga-lhe uma chícara de café.

Bring him a cup of coffee.

Traga-lhe um cálice de vinho.

Traga-lhe um copo de leite.

Não lhe traga uma chícara de chá.

Traga-lhe um copo de água.

Não me traga água; traga-me vinho.

Tragam-lhe um cálice de vinho.

Bring him a glass of wine.

Tragam-lhe um copo de leite.

Tragam-lhe uma chícara de chá.

Tragam-me uma chícara de café.

Não me tragam nada.

Não lhe tragam chá; tragam-lhe café.

O que você deseja tomar para o café da manhã hoje?—Sòmente desejo tomar café.

What do you want for breakfast today? I only want coffee.

O que vocês desejam tomar para o café da manhã hoje?—Sòmente desejamos uma laranja.

O que João deseja tomar para o café da manhã hoje?—João deseja tomar um copo de leite e um pãozinho.

O que Maria deseja tomar para o café da manhã hoje?—Maria sòmente deseja tomar uma chícara de café.

O que José deseja tomar para o café da manhã hoje?—José deseja tomar uma chícara de chocolate e um pãozinho.

Você lhe traz un jornal francês?—Sim, trago-lhe um jornal francês e também um jornal esphanol.

Are you bringing him a French newspaper? Yes, I am bringing him a French newspaper and also a Spanish one.

Você lhe traz pão?—Sim, senhor, trago-lhe pão, maçãs e um pouquinho de carne.
Você lhe traz maçãs?—Não, senhora, não lhe trago maçãs; não lhe trago nada.
Por que lhe traz um livro português?—Trago-lhe um livro português porque estuda português.
Por que lhe traz um livro espanhol?—Trago-lhe um livro espanhol porque é muito aplicado e gosta de estudar.

Vocês desejam beber conosco?—Obrigado, mas não bebemos.

Do you wish to drink with us? Thanks, but we do not drink.

João deseja comer conosco?—Sim, deseja, mas sempre come com o professor.
Maria deseja tomar o café da manhã conosco?—Não, não, deseja, porque gosta de tomar o café da manhã com João.
Você deseja aprender português?—Sim, desejo, mas sou muito preguiçoso.
Você deseja beber conosco?—Obrigado, mas não bebo.

Você compreende francês?—Não, senhor, não compreendo francês. Sòmente compreendo espanhol.

Do you understand French? No, sir, I do not understand French. I only understand Spanish.

Vocês compreendem inglês?—Sim, senhor, compreendemos inglês, mas gostamos de falar italiano.
Maria compreende alemão?—Não, senhora, não compreende alemão. Não gosta da língua alemã.
José compreende italiano?—Não, senhor, não compreende e não deseja aprender.
João compreende espanhol?—Sim, senhor, compreende espanhol, mas sempre fala português.

Bebem vinho no Rio?—Sim, senhor, gostam de vinho no Rio.

Do they drink wine in Rio? Yes, sir, they like wine in Rio.

Bebem chá em Londres?—Sim, senhora, gostam de chá em Londres.
Bebem café em Roma?—Sim, senhor, gostam de café em Roma.
Bebem chocolate em París?—Sim, senhora, mas gostam mais de café em París.

Maria aprende depressa?—Sim, Maria aprende depressa porque é aplicada.

Is Mary learning fast?— Yes, Mary is learning fast because she is studious.

José aprende depressa?—Sim, José aprende depressa porque é aplicado.
João aprende devagar?—Sim, João aprende devagar porque não gosta de estudar.

Vocês aprendem bastante?—Não, senhor, não aprendemos bastante porque não gostamos do professor.
Você aprende muito?—Sim, aprendo muito porque gosto muito do professor.

Quem não come pão?—Maria não come pão. Dê-lhe sòmente um pouquinho de carne.

Who does not eat bread? Mary does not eat bread. Give her only a little meat.

Quem não bebe vinho?—José não bebe vinho. Dê-lhe um copo de leite.
Quem não bebe chocolate?—João não bebe chocolate. Dê-lhe um cálice de vinho.
Quem não come carne?—José não come carne. Dê-lhe uma maçã.
Quem não bebe café?—O professor não bebe café. Não lhe dê nada.

Passem-me uma maçã.

Pass me an apple.

Passem-me um pouquinho de carne.
Passem-me um pãozinho.
Passe-me o vinho.
Passe-me o pão.
Passem-me o açúcar.

Tragam-lhe um cálice de vinho.

Bring him a glass of wine.

Tragam-lhe um copo de leite.
Traga-lhe uma chícara de chá.
Traga-lhe uma chícara de café.
Não lhe tragam nada.

Tome o café com leite.

Take milk with your coffee.

Tome um copo de leite.
Não tome nada.
Tome uma chícara de chocolate.
Tome o chá com leite.
Não tome o café com açúcar.

Ensine-me francês.

Teach me French.

Ensinem-me espanhol.
Ensinem-lhe português.
Não me ensine italiano; ensine-me alemão.
Não lhe ensinem inglês; ensinem-lhe francês.

Você não compreende o garçon?—Não, senhor, não compreendo francês.

Do you not understand the waiter? No, sir, I do not understand French.

Vocês não compreendem João?—Não, senhora, não compreendemos muito bem italiano.
Você não compreende Maria?—Não, senhor, compreendo bastante bem português, mas não compreendo Maria.
Vocês compreendem o professor?—Sim, senhora, compreendemos o professor porque fala muito devagar.

Você não come pão?—Como, sim.

Don't you eat bread? Yes, I do.

José não come carne?—Come, sim.
Maria não bebe chá?—Bebe, sim.
João não bebe chocolate?—Bebe, sim.
Vocês não bebem vinho?—Não, não bebemos.

Você não come pão?—Não, senhor, não como pão.

Do you not eat bread? No, sir, I do not eat bread.

Você não come carne?—Não, senhor, não gosto muito de carne.
Você não come maçãs?—Não, senhora, não como maçãs.
Você não bebe chá?—Bebo, sim, mas não desejo beber chá hoje.
Você não bebe chocolate?—Não, senhor, não bebo chocolate, mas bebo leite.

Por que você aprende português?—Aprendo português porque gosto da língua portuguêsa.

Why are you learning Portuguese? I am learning Portuguese because I like the Portuguese language.

Por que você aprende espanhol?—Aprendo espanhol porque gosto muito da língua espanhola.
Por que vocês aprendem italiano?—Aprendemos italiano porque desejamos morar em Roma.
Por que vocês aprendem alemão?—Aprendemos alemão porque desejamos falar alemão com você.

Dêem-me um copo de leite.

Give me a glass of milk.

Dêem-me uma chícara de chá.
Dêem-me um copo de água.
Não me dêem vinho.
Dê-me uma chícara de café.

Coma um pouquinho de carne e beba uma chícara de chá.

Eat a little meat and drink a cup of tea.

Coma um pãozinho e beba um copo de leite.
Não coma nada, mas beba uma chícara de café.
Comam carne e bebam chocolate ou leite.
Não bebam nada, mas comam uma maçã.
Não bebam café; bebam chá ou leite.

Acabo de beber um copo de leite e não desejo beber mais.

I have just drunk a glass of milk and I do not wish to drink any more.

Você acaba de comer uma laranja. Coma também uma maçã.
João acaba de comer uma laranja. Não deseja comer mais.
Acabamos de falar com Maria. Deseja estudar português conosco.
Acabamos de falar com João. Deseja morar conosco.
João e Maria acabam de comer. Não desejam tomar nada.

4 Lição IV (quarta)

Estou[132, 138] sentado.	I am seated.
Você está em pé.	You are standing.
O gato está deitado.	The cat is lying down.
Não estamos sentados, estamos em pé.	We are not seated, we are standing.
5 Estão muito cansados.[71, 72]	They are very tired.

Êste[81–83] gato é[132, 138] feio mas êsse[81–83] gato é bonito.	This cat is ugly but that cat is pretty.
Êste cachorro é[138] novo mas aquêle[81–83] é velho.	This dog is young but that one is old.
10 O que[112] é um cachorro? Um cachorro é[145] um animal.	What is a dog? A dog is an animal.
Somos amigos[56] dos animais.[60]	We are friends of animals.
Todos[74] os animais de João são bonitos.	All of John's animals are pretty.

O cachorro está[141] no[54] jardim.	The dog is in the garden.
15 A casa de João está[141] em Nova York.	John's house is in New York.

Tenho[132] uma casa nova.[73]	I have a new house.
O senhor[94] tem uma casa velha.	You have an old house.
A casa tem uma porta vermelha.	The house has a red door.
Esta casa tem duas portas verdes.	This house has two green doors.
20 Temos uma pequena sala de visitas.	We have a small living room.
Os senhores[57, 94] têm uma grande sala de visitas.	You have a large living room.
Aquelas[81–83] casas[56] têm bonitos jardins.[59]	Those houses have pretty gardens.

Conto de um a dez: um (uma),[121] dois (du- 25 as),[121] três, quatro, cinco, seis, sete, oito, nove, dez.	I count from one to ten: one, two, three, four, five, six, seven, eight, nine, ten.
Quantos dias há[216] em uma semana? Há sete dias em uma semana.	How many days are there in a week? There are seven days in a week.
Qual[112] é o primeiro dia da semana? Domingo 30 é o primeiro dia da semana.	What is the first day of the week? Sunday is the first day of the week.
Quais[112] são os dias da semana? Os dias da semana são domingo, segunda-feira, têrça-feira, quarta-feira, quinta-feira, sexta-feira e sábado.	What are the days of the week? The days of the week are Sunday, Monday, Tuesday, Wednesday, Thursday, Friday, and Saturday.

---

35 Desejo alugar uma casa nesta[86] cidade.
Quantos cômodos a senhora[94] deseja?
Desejo cinco cômodos[56]: uma sala de visitas, uma sala de jantar, dois quartos de dormir, uma cozinha, e também um banheiro.
40 Aquela[81–83] casa verde tem cinco cômodos.
Não desejo alugar aquela casa porque os cômodos são muito pequenos.
Isso[84] é verdade. Mas a sala de visitas é grande e a casa é muito bonita. Por que não
45 aluga a senhora um apartamento?
Qual[112] é o aluguel de um bom apartamento?
O aluguel de um bom apartamento é de mil cruzeiros por mês.
Há um bom hotel nesta[86] cidade?
50 Nesta cidade há vários hotéis[60] bons. Há também muitas pensões[58] boas.[70]

I wish to rent a house in this city.
How many rooms do you want?
I want five rooms: a living room, a dining room, two bedrooms, a kitchen, and also a bathroom.
That green house has five rooms.
I don't wish to rent that house because the rooms are very small.
That is true. But the living room is large and the house is pretty. Why don't you rent an apartment?
What is the rent of a good apartment?
The rent of a good apartment is fifty dollars a month.
Is there a good hotel in this city?
In this city there are several good hotels. There are also many good boarding-houses.

Quantas refeições[58] o senhor toma todos os dias?
Tomo três refeições.
55 Qual[112] é a primeira refeição do dia?
A primeira refeição é o café da manhã.
Qual a segunda?
A segunda refeição é o almôço.
E qual a terceira?
60 A terceira refeição é o jantar.
Onde o senhor toma as refeições?
Tomo tôdas as refeições na sala de jantar.
Para quantos os senhores desejam almôço esta manhã?
65 Somos dois e desejamos dois almoços.

How many meals do you eat every day?
I eat three meals.
What is the first meal of the day?
The first meal is breakfast.
What is the second?
The second meal is lunch.
And what is the third?
The third meal is dinner.
Where do you take your meals?
I take all my meals in the dining room.
For how many people do you wish lunch this morning?
There are two of us and we wish two lunches.

Exercises

Por que você não está em pé?—Não estou em pé porque estou muito cansado.

Why aren't you standing? I am not standing because I am very tired.

Por que João não está em pé?—Não está em pé porque está muito cansado.
Por que João e José não estão em pé?—Não estão em pé porque estão muito cansados.
Por que vocês não estão em pé?—Não estamos em pé porque estamos muito cansadas.
Por que Maria não está em pé?—Não está em pé porque está muito cansada.

Onde está Maria?—Maria está deitada.

Where is Mary? Mary is lying down.

Onde está você?—Estou deitada.
Onde está José?—Está deitado.
Onde estão João e José?—Estão deitados.
Onde estão vocês?—Estamos deitados.

Maria está sentada no jardim?—Está, sim.

Is Mary seated in the garden? Yes, she is.

João está sentado na sala de visitas?—Está, sim.
José e o professor estão sentados na casa?—Estão, sim.
Você está sentado no jardim?—Estou, sim.
Vocês estão sentadas na cozinha?—Estamos, sim.

Onde está o professor?—O professor está na sala de jantar.

Where is the professor? The professor is in the dining room.

Onde estão os cachorros?—Os cachorros estão no jardim.
Onde vocês estão?—Estamos no hotel.
Onde está a casa de Maria?—Está na cidade.
Onde você está?—Estou no quarto.

Êste cômodo é grande mas aquêle cômodo é pequeno.

This room is big but that room is small.

Êstes apartamentos são bonitos mas aquêles apartamentos são feios.
Esta casa é grande mas aquela casa é pequena.
Estas pensões são feias mas aquelas pensões são bonitas.
Êste hotel é grande mas êsse hotel é pequeno.
Êstes quartos são grandes mas êsses quartos são pequenos.
Esta porta é verde mas essa porta e vermelha.
Estas salas são bonitas mas essas salas são feias.

Êste cômodo é grande mas êsse é pequeno.

This room is big but that one is small.

Esta pensão é bonita mas aquela é feia.
Estas pensões são novas mas aquelas são velhas.
Êstes quartos são feios mas aquêles são bonitos.
Estas portas são verdes mas essas são vermelhas.

Você é amigo de Maria, não é?—Sou, sim.

You are a friend of Mary, aren't you? Yes, I am.

Os professores são amigos de José, não é?—São, sim.
José é professor de italiano, não é?—É, sim.
João é professor de francês, não é?—É, sim.
Maria é brasileira, não é?—É, sim.
Vocês são portuguêses, não é?—Somos, sim.

De quem é esta casa?—É de Maria.

Whose house is this? It is Mary's.

De quem é aquêle hotel.—É de José.
De quem é êsse quarto?—É de João.
De quem são êstes cachorros?—São do professor.
De quem é êsse gato?—É de Maria.

De que cidade é João?—É de Nova York.

From what city is John? He is from New York.

De que cidade é José—É de Roma.
De que cidade são vocês?—Somos de Lisboa.
De que cidade são os amigos de José?—São de París.
De que cidade é você?—Sou de Londres.

O que é um professor?—Um professor é um senhor que ensina.

What is a professor? A professor is a man who teaches.

O que é uma sala de jantar?—Uma sala de jantar é uma sala onde comemos.
O que é um cachorro?—Um cachorro é um animal.
O que é um gato?—Um gato é também um animal.

Qual é o primeiro dia da semana?—Domingo é o primeiro dia da semana.

What is the first day of the week? Sunday is the first day of the week.

Qual é o segundo dia da semana?—Segunda-feira é o segundo dia da semana.
Qual é o terceiro dia da semana?—O terceiro dia da semana é têrça-feira.
Qual é o quarto dia da semana?—O quarto dia da semana é quarta-feira.
Qual é a casa do professor?—A segunda casa é a casa do professor.

Quais são os dias em que você trabalha nesta semana?—Nesta semana trabalho na segunda, quarta e sexta-feira.

What days do you work this week? This week I work Monday, Wednesday and Friday.

Quais são os dias em que João trabalha nesta semana?—Nesta semana trabalha na têrça, quarta e quinta-feira.
Quais são os dias em que você estuda?—Nesta semana estudo na têrça-feira e quinta-feira.
Quais são os dias em que o professor ensina?—Nesta semana ensina no sábado sòmente.
Quais são os dias em que José está em casa?—Está em casa no sábado e domingo.

De que hotel você gosta mais?—Gosto mais dêste hotel.

Which hotel do you like best? I like this hotel best.

De que lição você gosta mais?—Gosto mais desta lição.
De que quarto você gosta mais?—Gosto mais dêsse quarto.
De que pensão você gosta mais?—Gosto mais dessa pensão.
De que casa você gosta mais?—Gosto mais daquela casa.
De que apartamentos você gosta mais?—Gosto mais daqueles apartamentos.

Em que hotel José mora?—Mora naquele grande hotel.

In which hotel does Joseph live? He lives in that big hotel.

Em que pensão Maria mora?—Mora naquela grande pensão.
Em que casa João mora?—Mora nessa grande casa.
Em que apartamento o professor mora?—Mora nesse grande apartamento.
Em que hotel você mora?—Moro neste hotel.
Em que casas vocês moram?—Moramos nestas casas.

Que apartamento você deseja alugar?—Desejo alugar êste apartamento.

Which apartment do you want to rent? I want to rent this apartment.

Que cômodos você deseja alugar?—Desejo alugar êstes dois cômodos.
Que casa vocês desejam alugar?—Desejamos alugar esta nova casa.
Que automóvel vocês desejam alugar?—Desejamos alugar sòmente aquêle grande automóvel.
Que cômodos vocês desejam alugar?—Desejamos alugar êsses três cômodos.

Você gosta desta velha casa?—Gosto, sim.

Do you like this old house? Yes, I do.

José gosta dêste apartamento novo?—Gosta, sim.
Maria gosta dêste cachorro feio?—Gosta, sim.
João gosta dêste bonito gato?—Gosta, sim.
Você gosta daquele grande cômodo?—Não, gosto dêste pequeno cômodo.
O professor gosta dêste livro português?—Não, gosta desse livro francês.
Os amigos de Maria gostam da sala verde?—Não, gostam da sala vermelha.

Esta casa é nova?—Sim, senhor, esta casa é nova.

Is this house new? Yes, sir, this house is new.

Êste apartamento é novo?—Sim, senhor, êste apartamento é novo.
Estes livros são novos?—Sim, senhor, êstes livros são novos.
Estas casas são novas?—Não, senhor, estas casas são velhas.
Êstes hotéis são novos—Não, senhor, êstes hotéis são vehlos.

Aquêle cachorro é novo?—Sim, é um cachorro novo.

Is that dog young? Yes, he is a young dog.

Aquêles gatos são novos?—Sim, são gatos novos.
Aquelas brasileiras são novas—Sim, são muito novas.
Aquelas francesas são novas?—Sim, são muito novas.
Aquêles professores são novos?—Sim, são muito novos.

As senhoras são alemãs, não é?—Sim, senhor, e Maria também é alemã.

You are Germans, aren't you? Yes, sir, and Mary is a German too.

José e João são alemães, não é?—Sim, senhor, e o professor também é alemão.
Os professores são espanhóis, não é?—Sim, e José também é espanhol.
As senhoras são espanholas, não é?—Sim, e Maria também é espanhola.

Quantos pães a senhora deseja?—Desejo sòmente um pão.

How many loaves of bread do you want? I only want one loaf of bread.

Quantas refeições João deseja tomar?—Deseja tomar sòmente uma refeição.
Quantas lições você deseja tomar?—Desejo tomar sòmente uma lição.
Quantas pensões José deseja alugar?—Deseja alugar sòmente uma pensão.

Vocês têm um grande hotel nesta cidade?—Sim, temos três grandes hotéis nesta cidade.

Do you have a big hotel in this city? Yes, we have three big hotels in this city.

Vocês têm um jornal em casa?—Sim, temos dois jornais em casa.
Vocês têm um animal em casa?—Sim, temos dois animais em casa.
Vocês têm um jardim?—Sim, temos dois jardins.

Quantas semanas há em um mês?—Há quatro semanas em um mês.

How many weeks are there in a month? There are four weeks in a month.

Quantos dias há em uma semana?—Há sete dias em uma semana.
Quantos animais há no jardim?—Há nove animais no jardim.
Quantos hotéis há na cidade?—Há dez hotéis na cidade.
Quantas lições há no livro?—Há oito lições no livro.
Quantas pensões há na cidade?—Há cinco pensões na cidade.
Quantos professores há nesta pensão?—Há três professores nesta pensão.

Quando João deseja tomar uma lição de português?—Deseja tomar uma lição de português no sábado.

When does John want to take a Portuguese lesson? He wants to take a Portuguese lesson on Saturday.

Quando Maria deseja tomar uma lição de francês?—Deseja tomar uma lição de francês na quarta-feira.

Quando José deseja tomar uma lição de italiano?—Deseja tomar uma lição de italiano na segunda-feira.

Quando os senhores desejam tomar uma lição de inglês?—Desejamos tomar uma lição de inglês na sexta-feira.

Quando o professor deseja dar a lição de espanhol?—O professor deseja dar a lição de espanhol na têrça-feira.

O senhor trabalha nas segundas-feiras?—Não, senhor, trabalho nas têrças-feiras.

Do you work on Mondays? No, sir, I work on Tuesdays.

João trabalha nas quartas-feiras?—Sim, trabalha nas quartas-feiras, e também nas quintas-feiras.

Os senhores trabalham nos sábados?—Sim, trabalhamos nos sábados.

Maria trabalha nos domingos?—Não, senhora, não trabalha nos domingos.

Os professores trabalham todos os dias?—Não, senhor, não trabalham nas sextas-feiras.

Vocês não gostam desta casa, não é?—Isso não é verdade, gosto da casa, mas não gosto do aluguel.

You don't like this house, do you? That's not true, I like the house, but I don't like the rent.

João não gosta da língua portuguêsa, não é?—Isso não é verdade, gosta muito da língua portuguêsa.

Você não gosta do professor, não é?—Isso é verdade, não gosto do professor porque é preguiçoso.

Maria não gosta do cômodo, não é?—Isso é verdade, não gosta do cômodo porque nãoé grande.

José e João não gostam do Rio, não é?—Isso é verdade, não gostam do Rio. São de Lisboa.

Qual é o aluguel de um cômodo nesta pensão?—O aluguel de um cômodo nesta pensão é de dez cruzeiros por dia.

What is the rent of a room in this boarding house? The rent of a room in this boarding house is ten cruzeiros a day.

Qual é o aluguel de um cômodo naquela pensão?—O aluguel de um cômodo naquela pensão é de nove cruzeiros por dia.

Qual é o aluguel daquele grande apartamento?—O aluguel daquele grande apartamento é de dois mil cruzeiros por mês.

Qual é o aluguel daquele pequeno apartamento?—O aluguel daquele pequeno apartamento é de mil cruzeiros por mês.
Qual é o aluguel desta bonita casa?—O aluguel desta bonita casa é de três mil cruzeiros por mês.

Há um boa pensão nesta cidade?—Sim, senhor, há muitas pensões boas nesta cidade.
Is there a good boarding house in this city? Yes, sir, there are many good boarding houses in this city.
Há um bom hotel nesta cidade?—Sim, senhora, há vários hotéis bons nesta cidade.
Há um bom professor de português nesta cidade?—Sim, senhor, há muitos bons professores de português nesta cidade.
Há uma boa lição neste livro?—Sim, senhor, há várias lições boas neste livro.

Onde você toma as refeições?—Tomo tôdas as refeições na cidade.
Where do you eat your meals? I eat all my meals in the city.
Onde João toma as refeições?—Toma tôdas as refeições no hotel.
Onde José toma as refeições?—Toma tôdas as refeições no apartamento do professor.
Onde vocês toman as refeições?—Tomamos tôdas as refeições na casa de Maria.
Onde Maria toma o café da manhã?—Toma o café da manhã no hotel.

Quais são as refeições do dia?—As refeições do dia são o café da manhã, o almôço e o jantar.
What are the meals of the day? The meals of the day are breakfast, lunch, and dinner.
Qual é a refeição de que você gosta mais?—A refeição de que gosto mais é o café da manhã.
Qual é a refeição de que José gosta mais?—A refeição de que José gosta mais é o almôço.
Qual é a refeição de que Maria gosta mais?—A refeição de que Maria gosta mais é o jantar.

Para quantos as senhoras desejam café esta manhã?—Somos quatro e desejamos quatro cafés.
For how many do you want breakfast this morning? There are four of us and we want four breakfasts.
Para quantos os senhores desejam almôço esta manhã?—Somos três e desejamos três almôços.
Para quantos vocês desejam jantar?—Somos seis e desejamos seis jantares.
Para quantos os senhores desejam cômodos?—Somos cinco e desejamos cinco cômodos.
Para quantos os professores desejam almôço?—São oito e desejam oito almoços.

5 Lição V (quinta)

Por que trem você parte?[128] — On what train are you leaving?
Parto pelo trem das nove. — I am leaving on the nine o'clock train.
Por que trem vocês partem? — On what train are you (pl.) leaving?
Partimos pelo trem da uma. — We are leaving on the one o'clock train.

---

5 Eu[93] digo[132] que são onze. Êle[93] diz que é meio-dia. E ela diz que é uma. Nós dizemos sempre a verdade. — I say that it is eleven o'clock. He says that it is twelve o'clock. And she says that it is one o'clock. We always tell the truth.
Mas isso não é possível. — But that it is not possible.
É, sim, porque estamos em diferentes partes
10 do mundo. — Yes, it is, because we are in different parts of the world.
Êles[93] dizem que estamos atrasados mas elas[93] dizem que estamos na hora. — They (i.e., the men) say that we are late but they (i.e., the women) say that we are on time.

Nós[93] partimos mas êles[93] ficam. — We are leaving but they are staying.

A que horas você vai para casa? — At what time do you go home?
15 Vou para casa às oito e um quarto. — I go home at a quarter past eight.
A que horas vocês vão à igreja? — At what time do you (pl.) go to church?
Vamos à igreja às dez e meia. — We go to church at half past ten.

Já é uma hora e estamos atrasados para a aula de português. — It's now one o'clock and we are late for the Portuguese class.
20 A que hora é que vocês têm aula? — What time do you have class?
Temos aula à uma em ponto. — We have class at one o'clock sharp.

Vou contar de onze a vinte: onze, doze, treze, quatorze, quinze, dezesseis, dezessete, dezoito, dezenove, vinte. — I am going to count from eleven to twenty: eleven, twelve, thirteen, fourteen, fifteen, sixteen, seventeen, eighteen, nineteen, twenty.

---

25 Quantos meses há em um ano? — How many months are there in a year?
Há[216] doze meses em um ano. — There are twelve months in a year.
Qual[112] é o primeiro mês do ano? — What is the first month of the year?
Janeiro é o primeiro mês do ano. — January is the first month of the year.
Quais[112] são os meses do ano? — What are the months of the year?
30 Os meses do ano são janeiro, fevereiro, março, abril, maio, junho, julho, agôsto, setembro, outubro, novembro e dezembro. — The months of the year are January, February, March, April, May, June, July, August, September, October, November, and December.

	Portuguese	English
	Que horas são pelo[55, 91] seu[87] relógio?	What time is it by your watch?
	São duas e quinze pelo meu[87] relógio.	It is two fifteen by my watch.
35	Seu relógio anda bem?	Does your watch run all right?
	Meu relógio anda bastante bem.	My watch runs fairly well.
	Está atrasado ou adiantado?	Is it slow or fast?
	Meu relógio está certo hoje.	My watch is right today.
	Quanto adianta em uma semana?	How much does it gain in a week?
40	Adianta geralmente dois minutos em uma semana.	It generally gains two minutes in a week.
	O relógio de sua irmã anda bem?	Does your sister's watch run well?
	O relógio de minha irmã não anda bem. Atrasa três minutos em vinte e quatro horas.	My sister's watch doesn't run well. It loses three minutes in twenty-four hours.
45	A que horas é que seu irmão vai para a cama?	What time does your brother go to bed?
	Meu irmão vai para a cama às onze.	My brother goes to bed at eleven o'clock.
	Que horas são?	What time is it?
	Faltam cinco para as dez.	It is five minutes to ten.

	Portuguese	English
50	Êste jardim é meu[88] e esta casa é também minha.[88]	This garden is mine and this house is also mine.
	De quem[114] é êste relógio?	Whose watch is this?
	É de João. É seu.	It is John's. It is his.
	De quem[114] é esta cama?	Whose bed is this?
55	É de João. É sua.	It is John's. It is his.
	O senhor vai[220] estudar sua lição?	Are you going to study your lesson?
	Sim, senhor, vou estudar minha lição.	Yes, sir, I am going to study my lesson.
	Nós vamos estudar nossas lições.	We are going to study our lessons.
	Todos os alunos vão estudar suas lições.	All the pupils are going to study their lessons.

	Portuguese	English
60	Essa moça está[214] com fome.	That girl is hungry.
	Aquêles rapazes estão[214] com sêde.	Those boys are thirsty.
	Nós estamos com muita fome e vocês estão com muita sêde.	We are very hungry and they are very thirsty.

Exercises

Por que trem você parte?—Parto pelo trem das três.

On what train are you leaving? I am leaving on the three o'clock train.

Por que trem vocês partem?—Partimos pelo trem das cinco.

Por que trem os amigos de João partem?—Partem pelo trem das dez.

Por que trem Maria parte?—Parte pelo trem das duas.

Por que trem partimos?—Partimos pelo trem das nove.

Você parte hoje para o Rio?—Sim, senhor, parto hoje para o Rio.

Are you leaving for Rio today? Yes, sir, I am leaving for Rio today.

Vocês partem para Lisboa na segunda-feira?—Sim, senhor, partimos para Lisboa na segunda-feira.

O professor parte para Londres nesta semana?—Sim, senhor, parte para Londres nesta semana.

Partimos para Nova York neste mês?—Sim, senhor, partimos, para Nova York neste mês.

João e Maria partem para París?—Não, senhor, não partem para París. Vão ficar aquí.

Vocês moram em Nova York?—Ela mora em Nova York, mas eu moro em Lisboa.

Do you live in New York? She lives in New York, but I live in Lisbon.

João e Maria moram em Londres?—Êle mora em Londres, mas ela mora em París.

Vocês moram nesta cidade?—Êles moram nesta cidade, mas nós moramos no Rio.

As amigas de Maria moram nesta pensão?—Maria mora nesta pensão, mas elas moram naquele hotel.

Os professores moram neste hotel?—Sim, êles moram neste hotel, mas os alunos não moram no mesmo hotel.

Maria lhe diz sempre a verdade?—Não, senhor, ela não me diz sempre a verdade.

Does Mary always tell you the truth? No, sir, she doesn't always tell me the truth.

As moças lhe dizem sempre a verdade?—Não, senhora, não me dizem sempre a verdade.

Os rapazes lhe dizem sempre a verdade?—Sim, senhor, dizem-me sempre a verdade.

Você me diz sempre a verdade?—Sim, senhor, digo-lhe sempre a verdade.

Vocês me dizem sempre a verdade?—Sim, senhor, dizemos-lhe sempre a verdade.

José está atrasado hoje?—Não, senhor, está na hora.

Is Joseph late today? No, sir, he is on time.

Maria está atrasada?—Não, senhor, está na hora.

Vocês estão sempre atrasados?—Não, senhor, sempre estamos na hora.

João está atrasado?—Não, senhor, está na hora.

O professor está sempre atrasado para a aula?—Não, senhor, geralmente está na hora.

A que horas você tem aula?—Tenho aula às oito e meia em ponto.

What time do you have class? I have class at eight-thirty sharp.

A que horas Maria e João têm aula?—Êles têm aula às dez em ponto.

A que horas vocês têm aula?—Nós temos aula às nove em ponto.

A que horas José tem aula?—Êle tem aula à uma em ponto.

A que horas o professor tem aula?—Êle tem aula às onze em ponto.

A que hora é que você parte para casa?—Parto para casa às duas e já é uma.

What time do you leave for home? I leave for home at two o'clock, and it is now one.

A que hora é que João parte para Lisboa?—Parte para Lisboa à uma e já é meio-dia.

A que hora é que vocês partem para a cidade?—Partimos para a cidade às sete e já são cinco e meia.

A que hora é que o professor parte para a aula?—Parte para a aula às dez e já são nove e vinte.

A que hora é que as senhoras partem para o Rio?—Partimos para o Rio às duas e um quarto, e já são duas.

Você vai à igreja todos os domingos?—Sim, vou à igreja todos os domingos.

Do you go to church every Sunday? Yes, I go to church every Sunday.

Maria vai à cidade tôdas as semanas?—Sim, vai à cidade tôdas as sextas-feiras.

Vocês vão ao apartamento de José todos os sábados?—Sim, vamos ao apartamento de José todos os sábados.

João e Maria vão à aula todos os dias?—Sim, vão à aula todos os dias.

José vai a Nova York todos os meses?—Não, senhor, não vai a Nova York todos os meses.

Para onde você vai?—Vou para Lisboa pelo trem das seis.

Where are you going? I am going to Lisbon on the six o'clock train.

Para onde João vai?—Êle também vai para Lisboa pelo trem das seis.

Para onde os amigos de João vão?—Vão para Roma pelo trem das duas.

Para onde vocês vão hoje?—Vamos para París pelo trem da uma.

Para onde estas moças vão?—Vão para Londres pelo trem das três.

Quantos meses há em um ano?—Há doze meses em um ano.

How many months are there in a year? There are twelve months in a year.

Quantas lições há neste livro?—Há vinte lições neste livro.

Quantos rapazes há nesta casa?—Há treze rapazes nesta casa.

Quantas moças há nesta casa?—Há quinze moças nesta casa.

Quantas moças há naquela casa?—Há sòmente onze moças naquela casa.

Quantos hotéis há nesta cidade?—Há quatorze hotéis nesta cidade.

Quantas igrejas há nesta cidade?—Há dezesseis igrejas nesta cidade.

Quantas moças há nesta pensão?—Há dezessete moças nesta pensão.

Quantos franceses há neste hotel?—Há dezoito franceses e dezenove brasileiros neste hotel.

Quando João parte para Londres?—Êle parte para Londres em junho.

When is John leaving for London? He is leaving for London in June.

Quando a irmã de José parte para Roma?—Ela parte para Roma em setembro.

Quando você parte para Nova York?—Parto para Nova York em novembro.

Quando a amiga de Maria parte para París?—Ela parte para París em dezembro.
Quando vocês partem para Lisboa?—Partimos para Lisboa em abril.
Quando seu amigo parte?—Parte em janeiro.
Quando nós partimos?—Partimos em agôsto.
Quando Maria e José partem?—Maria parte em fevereiro e José parte em março.

Seu cômodo é bonito?—Sim, nosso cômodo é muito bonito.
Is your room pretty? Yes, our room is very pretty.
Seu amigo é aplicado?—Sim, nosso amigo é muito aplicado.
Sua casa é grande?—Sim. nossa casa é muito grande.
Seus alunos são aplicados?—Sim, nossos alunos são muito aplicados.
Suas camas são pequenas?—Sim nossas camas são muito pequenas.

Onde mora o amigo de Maria?—Seu amigo mora em Lisboa.
Where does Mary's friend live? Her friend lives in Lisbon.
Onde mora o irmão desta moça?—Seu irmão mora em Londres.
Onde mora a irmã de José?—Sua irmã mora em Roma.
Onde moram os irmãos de João?—Seus irmãos moram em París.
Onde moram as irmãs de João e José?—Suas irmãs moram em Nova York.

A senhora gosta de seu apartamento?—Sim, gosto muito de meu apartamento.
Do you like your apartment? Yes, I like my apartment very much.
O senhor gosta de seu cômodo?—Sim, gosto muito de meu cômodo.
O senhor gosta de sua aula de português?—Sim, gosto muito de minha aula de português.
Você gosta de suas lições de italiano?—Sim, gosto muito de minhas lições de italiano.
Você gosta de seus professores?—Não, não gosto muito de meus professores.

Josê compreende sua lição?—Sim, senhor, êle compreende muito bem, mas sua irmã não compreende.
Does John understand his lesson? Yes, sir, he understands his lesson very well, but his sister doesn't.
João compreende sua lição?—Êle compreende, sim, mas seu amigo não compreende.
Vocês compreendem sua lição?—João compreende, sim, mas eu não compreendo.
Maria e seu irmão compreendem sua lição?—Ela compreende, sim, mas êle não compreende.
Você e sua amiga compreendem sua lição?—Eu compreendo, sim, mas ela não compreende.

Que horas são pelo relógio de João?—São três menos cinco pelo seu relógio.
What time is it by John's watch? It is five minutes to three by his watch.
Que horas são pelo relógio de Maria?—São dez menos onze pelo seu relógio.
Que horas são pelo relógio de José?—São cinco e meia pelo seu relógio.

Que horas são pelo relógio daquele rapaz?—São onze e cinco pelo seu relógio.
Que horas são pelo relógio do professor?—É meio-dia em ponto pelo seu relógio.

O relógio de José anda bem?—Não, senhor, seu relógio não anda bem. Adianta cinco minutos em um dia.

Does John's watch run all right? No, sir, his watch does not run well. It gains five minutes in a day.

O relógio de seu irmão anda bem?—Não, senhor, não anda bem. Adianta dez minutos em um dia.
O relógio de Maria anda bem?—Não, senhor, não anda bem. Adianta doze minutos em um dia.
O relógio desta moça anda bem?—Não, senhor, seu relógio não anda bem. Adianta quinze minutos em uma hora.
O relógio de João anda bem?—Sim, senhor, geralmente anda bem.

Quanto seu relógio atrasa em uma hora?—Meu relógio atrasa três minutos em uma hora.

How much does your watch lose in an hour? My watch loses three minutes in an hour.

Quanto atrasa o relógio de José em uma hora?—Seu relógio atrasa quinze minutos em uma hora.
Quanto atrasa o relógio de Maria em um dia?—Seu relógio geralmente atrasa vinte minutos em um dia.
Quanto o relógio de João atrasa em um dia?—Seu relógio atrasa dez minutos em um dia.
Quanto atrasa o relógio de sua irmã em vinte e quatro horas?—Seu relógio sòmente atrasa um ou dois minutos em vinte e quatro horas.

O relógio do professor está adiantado?—Não, senhor, está certo.

Is the professor's watch fast? No, sir, it is right.

Meu relógio está adiantado?—Não, senhor, está certo.
Seu relógio está adiantado?—Não, senhor, está certo.
O relógio de José está adiantado?—Não, senhor, está certo.
O relógio dêste senhor está adiantado?—Sim, senhor, está adiantado.

Seu relógio está atrasado, não é?—Sim, senhor, meu relógio está atrasado hoje.

Your watch is slow, isn't it? Yes, sir, my watch is slow today.

O relógio de João está atrasado, não é?—Sim, senhora, seu relógio está muito atrasado.
O relógio de Maria está atrasado, não é?—Sim, senhor, seu relógio está atrasado.
O relógio de José está atrasado, não é?—Sim, senhor, geralmente seu relógio está atrasado.
O relógio de seu amigo está atrasado, não é?—Sim, senhor, seu relógio sempre está muito atrasado.

A que horas você vai para a cama?—Geralmente vou para a cama às dez.

What time do you go to bed? I generally go to bed at ten.

A que horas Maria vai para a cama?—Geralmente Maria vai para a cama às oito e meia.
A que horas os senhores vão para a cama?—Geralmente vamos para a cama às doze e meia.
A que horas as moças vão para a cama?—Vão para a cama às nove em ponto.
A que horas João e José vão para a cama?—Todos os alunos vão para a cama às sete e um quarto.

Que horas são?—Faltam quinze para as duas.

What time is it? It is a quarter of two.

Que horas são?—Falta um quarto para as nove.
Que horas são?—Faltam dez para as cinco.
Que horas são?—Faltam três para as quatro.
Que horas são?—Faltam dois para as seis.
Que horas são?—Faltam cinco para meio-dia.

Você vai ensinar italiano?—Sim, vou ensinar italiano.

Are you going to teach Italian? Yes, I am going to teach Italian.

Maria vai ensinar francês?—Sim, vai ensinar francês e também português.
Vocês vão ensinar línguas?—Sim, senhora, vamos ensinar alemão e também italiano.
João e José vão ensinar inglês?—Sim, senhor, vão ensinar inglês e também espanhol.
O professor vai ensinar português e italiano?—Não, senhor, vai ensinar sòmente italiano.

De quem é êste gato?—Êste gato é meu.

Whose cat is this? This cat is mine.

De quem é êste cachorro?—Êste cachorro é meu também.
De quem é esta casa?—Esta casa é minha.
De quem é esta cama?—Esta cama é minha.
De quem são êstes livros?—Êstes livros são meus.
De quem são estas casas?—Estas casas são minhas.

Êste jornal é de João, não é?—Sim, é seu.

This newspaper is John's, isn't it? Yes, it is his.

Êste cômodo é de Maria, não é?—Não, senhor, é de sua irmã.
Esta cama é de José, não é?—Não, senhor, não é sua.
Êstes livros são do professor, não é?—Sim, êstes livros são seus.
Estas pensões são de seu irmão, não é?—Sim, estas pensões são suas

Êste cachorro é seu?—Sim, senhor, êste cachorro é nosso.

Is this dog yours? Yes, sir, this dog is ours.

Essa cama é nossa?—Não, senhor, essa cama não é nossa.
Êste cálice é nosso?—Não, senhor, êste cálice não é nosso.
Êstes copos são nossos?—Não, senhor, êstes copos são seus.
Estas chícaras são suas?—Sim, senhor, estas chícaras são nossas.

Vou estudar com Maria.—Isso não é possível. Maria não está na cidade.

I am going to study with Mary. That's not possible. Mary isn't in the city.

João e José vão trabalhar em Nova York.—Isso não é possível. Vão morar em Londres.
Maria vai comer comigo.—Isso não é possível. Ela vai comer com João.
Maria vai morar em Lisboa.—Isso não é possível. Não gosta de Lisboa.
João vai ensinar português.—Isso não é possível. Não fala português muito bem.

Você está com fome?—Sim, senhor, estou com fome e com sêde também.

Are you hungry? Yes, sir, I am hungry and thirsty also.

Vocês estão com sêde?—Sim, senhor, estamos com sêde.
José está com sêde?—Sim, está com sêde e deseja um copo de água.
João está com fome?—Sim, está com fome e deseja comer uma maçã.
Maria está com fome?—Não, senhora, não está com fome; não come muito.

Aquelas moças estão com sêde?—Sim, senhora, elas estão com muita sêde e com muita fome também.

Are those girls thirsty? Yes, ma'am, they are very thirsty and very hungry too.

Êste rapaz está com fome?—Sim, senhor, está com muita fome.
Seu amigo está com fome?—Sim, senhor, êle está com muita fome, e eu estou com muita sêde.
Os alunos estão com fome?—Sim, estão com muita fome e com muita sêde também.
Vocês estão com muita sêde?—Não, senhor, mas estamos com muita fome.

Sua casa é nova?—Sim, senhor, é bastante nova.

Is your house new? Yes, sir, it is fairly new.

Seu cômodo é grande?—Sim, senhor, meu cômodo é bastante grande.
Seu aluno é aplicado?—Sim, é bastante aplicado.
Êstes hotéis são velhos?—Sim, senhor, são bastante velhos.
Êstes livros são bons?—Sim, são bastante bons.

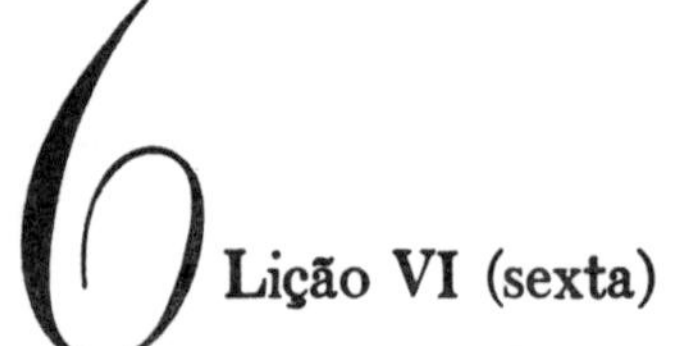

Lição VI (sexta)

Onde você morou[148] no ano passado? Morei em São Paulo.	Where did you live last year? I lived in São Paulo.
Você bebeu[149] um copo de leite? Bebí, sim.	Did you drink a glass of milk? Yes, I did.
5 Por que trem você partiu?[150] Partí pelo trem do meio-dia.	On what train did you leave? I left on the noon train.
Você deu[151] um livro a João? Dei um livro a João.	Did you give a book to John? I gave a book to John.
O que vocês deram ao professor? 10 Demos um jornal ao professor.	What did you (pl.) give to the professor? We gave a newspaper to the professor.
Você foi[152] à igreja? Fui, sim.	Did you go to church? Yes, I did.
Vocês foram tarde para casa? Não, fomos cedo para casa.	Did you go home late? No, we went home early.
15 Onde você esteve[151] ontem à noite? Estive no teatro.	Where were you last night? I was at the theater.
Vocês tiveram[151] bastante tempo? Não tivemos bastante tempo.	Did you (pl.) have enough time? We did not have enough time.
O que lhe disse[151] aquêle senhor? 20 Disse-me o nome da rua.	What did that gentleman tell you? He told me the name of the street.
O que vocês trouxeram[151] consigo esta manhã? Trouxemos nossos livros conosco.	What did you (pl.) bring with you this morning? We brought our books with us.

	Portuguese	English
	Bom dia, seu[95] José.	Good morning, Mr. Oliveira.
25	Oh!, bom dia, dona[95] Maria. Como está?	Oh!, good morning, Mrs. Mendes. How are you?
	Bem, obrigada.	Quite well, thank you.
	Que deseja?	What do you wish?
	Ontem, seu José, estive[153] aquí e comprei[153] dois metros de sêda preta. Como meu marido	Yesterday, Mr. Oliveira, I was here and bought two meters of black silk. As my hus-
30	gostou muito da fazenda, desejo mais cinco metros.	band liked the material, I wish to buy five more meters.
	Tenho apenas quatro metros, porque vendí há[217] uma hora a maior parte da peça.	I have only four meters, because an hour ago I sold most of the bolt.
	Está bem. Fico[133] com os quatro metros.	All right. I'll take the four meters.
35	A senhora deseja mais alguma coisa?	Do you want anything else?
	Sim. Desejo um par de meias.	Yes. I want a pair of stockings.
	Aquí tem[226] meias de sêda muito bonitas e baratas.	Here are some very pretty and cheap stockings.
	Qual[112] é o preço?	What is the price?
40	Vinte e cinco cruzeiros o par.	Twenty-five cruzeiros a pair.
	Isso[84] não é caro. O senhor disse que são boas e fortes?	That is not dear. Did you say that they are good and strong?
	Sim, estou certo de que são fortes, porque dei há[217] um mês um par a minha espôsa, o	Yes. I am sure that they are strong, because I gave a pair to my wife a month ago and
45	qual[116] ainda não rasgou. Realmente são meias de boa qualidade.	they are still not torn. They are really good stockings.
	Que bonitas meias! São exatamente o que[117] desejo. Fico[133] com um par.	What pretty stockings! They are exactly what I want. I shall take one pair.
	Sòmente?	Only one?
50	Sim. Hoje não desejo nada mais.	Yes. I don't want anything else today.
	Está bem, dona Maria.	All right, Mrs. Mendes.
	Ah! Desculpe-me,[134] seu José. Não trouxe[153] bastante dinheiro.	Ah! Excuse me, Mr. Oliveira. I didn't bring enough money.
	Fui ao mercado esta manhã e depois não tive a oportunidade	I went to market this morning and did not
55	de[199] ir ao banco.	have a chance afterward to go to the bank.
	Não faz mal. A senhora paga[133] mais tarde.[77]	That doesn't matter. You can pay later. But
	Mas espere[134] um momento. Aquí está seu embrulho.	wait a moment. Here is your package.
	Obrigada. Até logo.	Thanks and good-bye.
60	Às ordens. Até logo.	Good-bye. Come soon again.
	Ah! Está chovendo.[143, 202] Não deixei meu guarda-chuva atrás da porta?	Oh! It's raining. Didn't I leave my umbrella back of the door?
	Não, dona Maria. A senhora não trouxe guarda-chuva.	No, Mrs. Mendes. You did not bring an umbrella with you.
65	Ih! Vou ficar tôda molhada.	Phew! I'm going to get all wet.
	Não, senhora. Eu tenho um guarda-chuva a mais que[115] lhe vou emprestar.	No, you won't. I have an extra umbrella that I'll lend you.
	Estou[214] com sorte. Muito obrigada.	That's lucky for me. Many thanks.
	Vou devolver-lhe amanhã.	I'll return it to you tomorrow.

70 Até amanhã.	All right. Good-bye.
Até amanhã.	See you tomorrow.

Exercises

Você estudou português no ano passado?—Sim, senhor, estudei português no ano passado.

Did you study Portuguese last year? Yes, sir, I studied Portuguese last year.

Vocês estudaram francês no ano passado?—Sim, senhor, estudamos francês e também inglês.

João e José estudaram alemão no ano passado?—Sim, senhor, estudaram alemão e também inglês.

Maria estudou sua lição de italiano hoje?—Sim, senhor, estudou sua lição de italiano esta manhã.

Você estudou a lição de português ontem à noite?—Não, senhor, não estudei ontem à noite.

Onde o senhor aprendeu francês?—Aprendí francês em París.

Where did you learn French? I learned French in Paris.

Onde os senhores aprenderam inglês?—Aprendemos inglês em Nova York.
Onde o professor aprendeu italiano?—Aprendeu italiano em Roma.
Onde suas irmãs aprenderam português?—Aprenderam português em Lisboa.
Onde João aprendeu português?—Êle aprendeu português no Rio.

A que horas você partiu para Nova York?—Partí pelo trem das seis.

What time did you leave for New York? I left on the six o'clock train.

A que horas vocês partiram para a cidade?—Partimos pelo trem das sete.
A que horas João partiu para Lisboa?—Partiu pelo trem das três.
A que horas Maria partiu para Roma?—Partiu pelo trem do meio-dia.
A que horas partiram seus amigos?—Partiram pelo trem das oito.

O que você deu ao professor?—Dei-lhe um livro de português.

What did you give the professor? I gave him a Portuguese book.

O que vocês deram a José?—Demos-lhe um livro de francês.
O que João deu ao professor?—Deu-lhe um jornal espanhol.
O que os rapazes deram à senhora?—Deram-lhe um par de meias.
O que José deu a Maria?—Êle lhe deu um relógio.

Quando você foi para a cidade?—Fui para a cidade ontem à noite.

When did you go to the city? I went to the city last night.

Quando vocês foram para casa?—Fomos para casa no sábado passado.
Quando os alunos foram para Nova York?—Foram para Nova York no mês passado.

Quando o senhor foi para Roma?—Fui para Roma no ano passado.
Quando seus irmãos foram para o Rio?—Foram para o Rio na semana passada.

Foi Maria que comeu essas maçãs?—Sim, senhor, foi ela.

Was it Mary who ate those apples? Yes, sir, it was she.

Foram suas irmãs que compraram esta fazenda?—Sim, senhor, foram elas.
Foi João que bebeu todo o vinho?—Sim, senhor, foi êle.
Foi você que ensinou espanhol no ano passado?—Sim, senhor, fui eu.
Foram vocês que estudaram francês no ano passado?—Sim, senhor, fomos nós.

Onde João esteve no ano passado?—Esteve em Roma.

Where was John last year? He was in Rome.

Onde você esteve na semana passada?—Estive em Lisboa.
Onde os amigos de João estiveram no mês passado?—Estiveram em Nova York.
Onde vocês estiveram ontem à noite?—Estivemos na casa do professor.
Onde Maria esteve ontem às duas?—Esteve na aula de português.

João e Maria tiveram aula ontem às três?—Não, senhor, ontem tiveram aula às quatro.

Did John and Mary have class yesterday at three o'clock? No, sir, yesterday they had class at four.

Você teve aula ontem às duas?—Não, senhor, ontem tive aula à uma.
Vocês tiveram aula ontem às onze?—Não, senhora, ontem tivemos aula às oito.
Seu amigo teve aula ontem às nove?—Não, senhor, ontem meu amigo teve aula às dez.

O que lhe disseram aquêles senhores?—Disseram-me o nome de uma boa pensão.

What did those gentlemen tell you? They told me the name of a good boarding-house.

O que aquela senhora lhe disse?—Disse-me o nome de um bom hotel.
O que aquêle rapaz lhe disse?—Disse-me o nome de uma pensão espanhola.
O que você lhe disse?—Disse-lhe o nome de meu professor.
O que vocês lhe disseram?—Dissemos-lhe o nome da rua.

O senhor trouxe guarda-chuva consigo?—Trouxe, sim.

Did you bring an umbrella with you? Yes, I did.

João trouxe dinheiro consigo?—Trouxe, sim.
Maria trouxe o jornal consigo?—Trouxe, sim.
Seus amigos trouxeram seu cachorro consigo?—Trouxeram, sim.
Vocês trouxeram seus livros consigo?—Trouxemos, sim.

Bom dia, seu José, como está?—Bem, obrigado.

Good morning, Mr. Oliveira, how are you? Quite well, thank you.

Bom dia, dona Maria, como está?—Muito bem, obrigada.
Bom dia, senhora, como está?—Bastante bem, obrigada.

Bom dia, senhor, como está?—Estou bem hoje, obrigado.
Bom dia, senhor, como está sua espôsa?—Muito bem, obrigado.

João foi tarde para casa?—Não, senhor, foi cedo para casa.
Did John go home late? No, sir, he went home early.
Maria foi tarde para casa?—Não, senhor, foi cedo para casa.
Você foi tarde para casa?—Não, senhor, fui cedo para casa.
Vocês foram tarde para casa?—Não, senhor, fomos cedo para casa.
As moças foram tarde para casa?—Sim, senhor, foram muito tarde para casa.

Há apenas cinco cômodos em sua casa?—Não, senhor, há seis cômodos.
Are there only five rooms in your house? No, sir, there are six rooms.
Há apenas um bom hotel nesta cidade?—Não, senhor, há três bons hotéis.
Há apenas um banheiro neste apartamento?—Não, senhor, há dois banheiros.
Há três pensões nesta rua?—Não, senhor, há apenas duas.
Há vinte lições neste livro?—Não, senhor, há apenas quatorze.

O senhor já vendeu a maior parte da peça?—Sim, dona Maria, vendí a maior parte da peça há uma semana.
Did you sell most of the bolt already? Yes, Mrs. Mendes, I sold most of the bolt a week ago.
João já vendeu a maior parte de seus jornais?—Sim, dona Maria, vendeu a maior parte de seus jornais há uma hora.
O senhor Oliveira já vendeu a maior parte da fazenda preta?—Sim, dona Maria, vendeu a maior parte da fazenda preta há quinze minutos.
Vocês já venderam tôdas as maçãs?—Sim, dona Maria, vendemos tôdas as maçãs há dez minutos.

Fico com êstes três livros, mas pago mais tarde.
I'll take these three books, but I'll pay later.
Ficamos com três metros de sêda preta, mas pagamos mais tarde.
Ficamos com êste relógio mas pagamos mais tarde.
Fico com um par de meias mas pago mais tarde.
Fico com dois metros desta fazenda mas pago mais tarde.

Você deseja mais alguma coisa?—Sim, senhor, desejo um livro de alemão.
Do you want anything else? Yes, sir, I want a German book.
Vocês desejam mais alguma coisa?—Sim, senhor, desejamos quatro metros desta fazenda vermelha.
O rapaz deseja mais alguma coisa?—Sim, senhor, deseja um relógio para seu irmão.

João deseja mais alguma coisa?—Sim, senhor, deseja um par de meias para sua irmã.
A senhora deseja mais alguma coisa?—Não, senhor, não desejo nada mais.

Desejo um par de meias.—Às ordens, senhora, aquí temos boas meias.
I want a pair of stockings. At your service, madam. Here we have some good stockings.
Desejo um metro de fazenda preta.—Às ordens, senhora, aquí temos bonita fazenda.
Desejo um livro de alemão.—Às ordens, senhor, aquí temos livros em tôdas as línguas.
Desejo um guarda-chuva.—Às ordens, senhora, aquí temos bonitos guarda-chuvas.
Desejo um relógio.—Às ordens, senhor, aquí temos bons relógios.

Qual é o preço de dois metros desta fazenda?—O preço é de cinco cruzeiros o metro.—Isso não é caro.
What is the price of two meters of this material? The price is five cruzeiros a meter. That is not dear.
Qual é o preço destas meias?—O preço é de vinte e cinco cruzeiros o par.—Isso não é caro.
Qual é o preço do jornal?—O preço é um cruzeiro.—Isso é barato.
Qual é o preço dêstes três livros?—O preço é vinte e cinco cruzeiros.—Isso é muito barato.

José vai estudar francês?—Sim, senhor, e estou certo de que vai ser bom aluno.
Is Joseph going to study French? Yes, sir, and I am certain that he is going to be a good student.
Maria e João vão estudar alemão?—Sim, senhor, e estou certo de que vão ser bons alunos.
Seu irmão vai estudar português?—Sim, senhor, e estamos certos de que vai ser bom aluno.
Suas irmãs vão estudar inglês?—Sim, senhor, e estou certa de que vão ser boas alunas.

O que você deu a sua irmã?—Dei um livro a minha irmã, o qual é muito interessante.
What did you give your sister? I gave my sister a book which is very interesting.
O que vocês deram à senhora?—Demos um gato à senhora, o qual é muito feio.
O que José deu a seu irmão?—Deu uma casa a seu irmão, a qual é muito grande.
O que João deu a seu amigo?—Deu dois cachorros a seu amigo, os quais são pequenos e pretos.
O que Maria deu a sua amiga?—Deu seis chícaras a sua amiga, as quais são muito bonitas.

Que bonitas meias!—São exatamente o que desejo.
What pretty stockings! They are exactly what I want.
Que bonitos gatos!—São exatamente o que desejo.
Que bonitas chícaras!—São exatamente o que Maria deseja.
Que bons livros!—São exatamente o que desejamos.
Que maçãs vermelhas!—São exatamente o que os alunos desejam.

Por que é caro êste par de meias?—É caro porque são realmente meias de boa qualidade.

Why is this pair of stockings expensive? It is expensive because they are really stockings of good quality.

Por que é caro êste vinho?—É caro porque é realmente vinho de boa qualidade.
Por que são caros êstes relógios?—São caros porque são realmente relógios de boa qualidade.
Por que são caras estas chícaras?—São caras porque são chícaras de boa qualidade.
Por que é cara esta fazenda?—É cara porque é realmente fazenda de boa qualidade.

Desculpe-me, seu José, trouxe sòmente dez cruzeiros.—Não faz mal. A senhora paga amanhã.

Excuse me, Mr. Oliveira, I brought only ten cruzeiros. That doesn't matter. You can pay tomorrow.

Desculpe-nos, seu José, trouxemos sòmente vinte cruzeiros.—Não faz mal. Os senhores pagam mais tarde.
Desculpem-me, senhores, trouxe sòmente cinco cruzeiros.—Não faz mal. O senhor paga amanhã.
Desculpe-me, dona Maria, não trouxe bastante dinheiro.—Não faz mal. O senhor paga mais tarde.

Você teve a oportunidade de ir ao mercado?—Tive, sim.

Did you have a chance to go to market? Yes, I did.

Você teve a oportunidade de comprar um livro de alemão?—Tive, sim.
Vocês tiveram a oportunidade de estudar a lição de alemão?—Tivemos, sim.
Maria teve a oportunidade de aprender português?—Teve, sim.

Espere um momento. Desejo comprar um jornal.

Wait a minute. I want to buy a newspaper.

Espere um momento. Desejo comprar um livro.
Esperem um momento. Desejo falar com o professor.
Espere um momento. Desejo dar êste livro a João.
Esperem um momento. Desejo devolver êste guarda-chuva.

Aquí tem um jornal português.

Here is a Portuguese newspaper.

Aquí tem um jornal brasileiro.
Aquí tem um livro de alemão.
Aquí tem um copo de água.
Aquí tem seus embrulhos.
Aquí está seu guarda-chuva.
Aquí está seu relógio.
Aquí estão suas meias.

Quando você parte para Lisboa?—Parto hoje.—Até logo.

When are you leaving for Lisbon? I am leaving today. Goodbye.

Quando os senhores partem para casa?—Partimos amanhã.—Até logo.
Quando as senhoras partem para o Rio?—Partimos hoje.—Até logo.
Quando o senhor parte para casa?—Parto às duas em ponto.—Até amanhã.
Quando a senhora parte para a cidade?—Parto à uma.—Até amanhã.

Onde você deixou seu embrulho?—Deixei meu embrulho na cozinha atrás da porta.

Where did you leave your package? I left my package in the kitchen behind the door.

Onde os alunos deixaram seus livros?—Deixaram seus livros na sala de visitas atrás da mesa.
Onde o rapaz deixou o jornal?—Deixou o jornal na sala de jantar atrás da porta.
Onde a senhora deixou seu guarda-chuva?—Deixei meu guarda-chuva na cozinha atrás da cadeira.
Onde João deixou o cachorro?—Deixou o cachorro no jardim atrás da casa.

Você tem guarda-chuva, dona Maria?—Não, não tenho. Vou ficar tôda molhada.

Do you have an umbrella, Mrs. Mendes? No, I don't. I'm going to get all wet.

Você tem guarda-chuva, seu José?—Não, não tenho. Vou ficar todo molhado.
Maria tem guarda-chuva?—Não, não tem. Vai ficar tôda molhada.
Seus amigos têm guarda-chuva?—Não, não têm. Vão ficar todos molhados.
Suas amigas têm guarda-chuva?—Não, não têm. Vão ficar tôdas molhadas.
Vocês têm guarda-chuva?—Não, não temos. Vamos ficar todos molhados.

Você tem um livro a mais?—Tenho, sim, senhor.

Do you have an extra book? Yes, sir, I do.

Vocês têm um relógio a mais?—Temos, sim, senhor.
Maria tem um guarda-chuva a mais?—Tem, sim, senhor.
João tem um jornal a mais?—Tem, sim, senhor.

Você vai me emprestar dinheiro?—Sim, vou emprestar-lhe cinco cruzeiros.

Will you lend me money? Yes, I'll lend you five cruzeiros.

Você vai me emprestar seu livro?—Sim, vou emprestar-lhe meu livro.
João vai me emprestar seu guarda-chuva?—Sim, vai emprestar-lhe seu guarda-chuva.
Maria vai lhe emprestar um par de meias?—Não, não vai emprestar-me um par de meias.

Está chovendo?—Não, não está chovendo. Você está com muita sorte.

Is it raining? No, it isn't raining. You are very lucky.

Está chovendo?—Não, não está chovendo. Vocês estão com muita sorte.
Está chovendo?—Não, não está chovendo. Nós estamos com muita sorte.
Está chovendo?—Não, não está chovendo. Eu estou com sorte.
Está chovendo?—Sim, está chovendo. Vocês não estão com muita sorte.

Quando você vai me devolver meu guarda-chuva?—Vou devolver-lhe amanhã.

When are you going to return my umbrella? I am going to return it to you tomorrow.

Quando você vai me devolver meu relógio?—Vou devolver-lhe na segunda-feira.
Quando Maria vai me devolver meu dinheiro?—Vai devolver-lhe na terça-feira.
Quando vocês vão me devolver meu gato?—Vamos devolver-lhe no sábado.
Quando João vai me devolver meu cachorro?—Vai devolver-lhe no domingo.

7 Lição VII (sétima)

Você vê[132] o número da casa?
Sim, vejo o número da casa.
Vejo-o.[99, 103]
Vocês vêem o nome da rua?
5 Sim, vemos o nome da rua.
Vemo-lo.[104]
Êles vêem o nome da rua?
Sim, vêem o nome da rua.
Vêem-no.[106]

Do you see the number of the house?
Yes, I see the number of the house.
I see it.
Do you (pl.) see the name of the street?
Yes, we see the name of the street.
We see it.
Do they see the name of the street?
Yes, they see the name of the street.
They see it.

---

10 Você viu meu livro?
Sim, vi seu livro esta manhã.
Vi-o[99, 103] esta manhã.
Vocês viram meu amigo?
Sim, vimos seu amigo ontem.
15 Vimo-lo[104] ontem.
Êles viram meu amigo?
Sim, viram seu amigo ontem.
Viram-no[106] ontem.

Did you see my book?
Yes, I saw your book this morning.
I saw it this morning.
Did you see my friend?
Yes, we saw your friend yesterday.
We saw him yesterday.
Did they see my friend?
Yes, they saw your friend yesterday.
They saw him yesterday.

PAULO

Você já viu a nova peça no Teatro Carlos
20 Gomes?

PAUL

Did you see the new play at the Carlos Gomes Theater?

CARLOS

Ainda não a[100] vi, mas tenho[224] vontade de vê-la,[104] porque ouço dizer que é muito boa.

CHARLES

I didn't see it yet but I am anxious to see it, because I hear that it is very good.

PAULO

Conhece[225] meu primo José? Ontem eu o[101] encontrei na universidade; êle me[101] deu dois
25 bilhetes para a sessão de hoje, um para mim e outro para você. Deseja ir comigo?

PAUL

Do you know my cousin Joseph? Yesterday I met him at the university; he gave me two tickets for the show today, one for me and one for you. Do you wish to go along with me?

CARLOS

Sim, com muito prazer. O professor nos deu várias lições, mas não vou estudá-las[104] porque estou cansado. Trouxe meus livros
30 para estudar aquí na biblioteca e não os[100] abrí até agora. Penso que é melhor acom-

CHARLES

Yes, with pleasure. The professor gave us several lessons to do, but I am not going to study them because I'm tired. I brought my books with me to study here in the library and up to now I haven't opened them. I panhá-lo[104, 197] ao teatro. A propósito, seu primo lhe disse se pretende ir conosco?

think that it is better to go to the theater with you. By the way, did your cousin tell you whether he intends to go with us?

PAULO

Sim. Quando estive com êle hoje de manhã,
35 disse-me que deseja encontrar-nos na entrada do teatro para sentar[111] conosco.

PAUL

Yes. When I was with him this morning, he told me that he wishes to meet us outside the theater in order to sit with us.

CARLOS

Eu também tenho[224] vontade de[199] encontrá-lo.[104]

CHARLES

I am anxious to meet him too.

PAULO

Bem, Carlos. Vou para casa jantar.

PAUL

All right, Charles. I am going home to have dinner.

CARLOS

40 Você me deu um bilhete para o teatro; agora, convido-o[40, a195] jantar comigo em um restaurante.

CHARLES

You gave me a ticket for the theater; now I invite you to have dinner with me in a restaurant.

PAULO

Obrigado; aceito seu convite.

PAUL

Thanks; I accept your invitation.

CARLOS

Vamos ao restaurante alí da esquina.

CHARLES

Let us go to the restaurant over there on the corner.

PAULO

45 Boa idéia! Alí têm camarão com arroz; preparam-no[106] de uma maneira deliciosa.

PAUL

That's a good idea! They have shrimp with rice; they prepare it deliciously.

CARLOS

Eu também gosto muito dêste[85] prato.

CHARLES

I also like this dish very much.

PAULO

Devemos[210] jantar depressa; falta sòmente uma hora para a sessão do teatro.

PAUL

We must eat in a hurry; the show begins in only an hour from now.

PAULO

50 Como está passando?[202]

PAUL

How are you?

CATARINA

Mais ou menos. E você?

CATHERINE

So so. And you?

PAULO

Não vou[226] indo bem,[203] porque apanhei um resfriado na última semana, e como continua chovendo,[204] ainda não sarei.

PAUL

I'm not so well. I caught a cold last week and as it continues raining, I haven't got over it yet.

CATARINA

55 É verdade. Está chovendo[202] e ventando há[218] mais de uma semana.

CATHERINE

That's right. It has been raining and blowing for more than a week.

PAULO

Felizmente, não está nevando.[202] Quando neva, a temperatura desce muito. No seu[91] país há neve?

PAUL

Fortunately, it isn't snowing. When it snows, the temperature goes away down. Is there any snow in your country?

CATARINA

60 Não. Mas eu gosto muito dela. É tão linda! Estou[214] porém com muito frio.

CATHERINE

No. But I like it a lot. It is so pretty! I am quite cold though.

PAULO

É natural, porque no Brasil não faz[215] frio como aqui. Em seu[91] país faz[215] sempre calor?

PAUL

That's natural, because in Brazil it isn't cold as it is here. Is it always hot in your country?

CATARINA

Não. Não faz[215] sempre calor. Depende da 65 região e da estação. No norte e nordeste, por exemplo, faz muito calor no verão. Mas no sul, no estado do Rio Grande faz muito frio durante o inverno.

CATHERINE

No. It isn't always hot. It depends on what part of the country you are in and the season. In the north and the northeast, for example, it is very hot in summer. But in the south, in the state of Rio Grande, it is very cold in the winter.

Exercises

Você vê João?—Sim, vejo-o todos os dias.

Do you see John? Yes, I see him every day.

Você vê Maria?—Sim, vejo-a todos os dias.
Você vê seus amigos?—Sim, vejo-os todos os dias.
Você vê suas irmãs?—Sim, vejo-as todos os dias.
Carlos vê Maria?—Sim, vê-a todos os dias.

Carlos vê João?—Sim, vê-o todos os dias.
Carlos vê seus amigos?—Sim, vê-os todos os dias.
Carlos vê suas irmãs?—Sim, vê-as todos os dias.
Vocês vêem Maria?—Sim, vemo-la todos os dias.
Vocês vêem João?—Sim, vemo-lo todos os dias.
Vocês vêem seus amigos?—Sim, vemo-los todos os dias.
Vocês vêem suas irmãs?—Sim, vemo-las todos os dias.
Os rapazes vêem Maria?—Sim, vêem-na todos os dias.
Os rapazes vêem João?—Sim, vêem-no todos os dias.
Os rapazes vêem seus amigos?—Sim, vêem-nos todos os dias.
Os rapazes vêem suas irmãs?—Sim, vêem-nas todos os dias.

Você vê João?—Não, não o vejo.
Do you see John? No, I do not see him.
Você vê Maria?—Não, não a vejo.
Você vê seus amigos?—Não, não os vejo.
Você vê suas irmãs?—Não, não as vejo.
Paulo vê João?—Não, não o vê.
Paulo vê Maria?—Não, não a vê.
Paulo vê seus amigos?—Não, não os vê.
Paulo vê suas irmãs?—Não, não as vê.
Vocês vêem João?—Não, não o vemos.
Vocês vêem Maria?—Não, não a vemos.
Vocês vêem seus amigos?—Não, não os vemos.
Vocês vêem suas irmãs?—Não, não as vemos.
As moças vêem João?—Não, não o vêem.
As moças vêem Maria?—Não, não a vêem.
As moças vêem seus amigos?—Não, não os vêem.
As moças vêem suas irmãs?—Não, não as vêem.

Vocês trouxeram meus livros?—Sim, trouxemo-los conosco?
Did you bring my books? Yes, we brought them with us.
Vocês compraram a carne para o jantar?—Sim, compramo-la ontem.
Vocês estudaram suas lições?—Sim, estudamo-las hoje de manhã.
Vocês ensinaram português?—Sim, ensinamo-lo na universidade no ano passado.
Os senhores desejaram bilhetes para a nova peça?—Sim, desejamo-los para a sessão desta noite.

Você viu João?—Sim, vi-o esta manhã.
Did you see John? Yes, I saw him this morning.

Vocês viram João?—Sim, vimo-lo.
Vocês viram seus amigos?—Sim, vimo-los.
Vocês viram suas irmãs?—Sim, vimo-las.
As moças viram Maria?—Sim, viram-na.
As moças viram João?—Sim, viram-no.
As moças viram seus amigos?—Sim, viram-nos.
As moças viram suas irmãs?—Sim, viram-nas.

Você viu Maria?—Não, não a vi.
Did you see Mary? No, I did not see her.
Você viu seus amigos?—Não, não os vi.
Vocês viram Maria?—Não, não a vimos.
Você viu suas irmãs?—Não, não as vi.
Paulo viu João?—Não, não o viu.
Paulo viu seus amigos?—Não, não os viu.
Paulo viu suas irmãs?—Não, não as viu.

Os rapazes trazem os bilhetes?—Sim, trazem-nos consigo.
Are the boys bringing the tickets? Yes, they are bringing them with them.
Os alunos compreendem a lição de hoje?—Sim, compreendem-na muito bem.
Suas irmãs estudam suas lições?—Sim, estudam-nas tôdas as noites.
Seus amigos vendem os livros?—Sim, vendem-nos aos alunos.
As moças preparam o jantar?—Sim, elas o preparam.

Você vai comprar êste livro?—Sim, senhor, vou comprá-lo.
Are you going to buy this book? Yes, sir, I am going to buy it.
Maria vai comprar o jornal?—Sim, senhor, ela vai comprá-lo.
José vai comprar as maçãs?—Sim, senhor, êle vai comprá-las.
Vocês vão comprar a carne?—Sim, nós vamos comprá-la.
Carlos vai comprar os bilhetes?—Sim, êle vai comprá-los.

Maria vai trazer seus livros?—Sim, ela vai trazê-los.
Is Mary going to bring your books? Yes, she is going to bring them.
José vai trazer os jornais?—Sim, êle vai trazê-los.
Maria vai trazer o pão?—Sim, ela vai trazê-lo.
As moças vão trazer as maçãs?—Sim, elas vão trazê-las.
A senhora vai trazer a carne?—Sim, eu vou trazê-la.

Você deseja abrir a casa agora?—Não, senhor, não desejo abrí-la agora.
Do you want to open the house now? No, sir, I don't want to open it now.

João deseja abrir seu novo restaurante neste mês?—Não, senhor, não deseja abrí-lo neste mês.
José deseja abrir seu hotel em París no verão?—Não, não deseja abrí-lo no verão.
As senhores desejam abrir suas casas de verão em junho ou julho?—Desejamos abrí-las em junho.

Carlos vai encontrá-lo hoje?—Sim, vai encontrar-me na biblioteca.
Is Charles going to meet you today? Yes, he is going to meet me in the library.
João vai encontrá-la hoje?—Sim, vai encontrar-me na universidade.
Maria vai encontrá-los hoje?—Sim, vai encontrar-nos no hotel.
Olga vai encontrá-las hoje?—Sim, vai encontrar-nos na entrada do teatro.
Catarina vai encontrá-lo hoje?—Não, não vai encontrar-me hoje.
José vai acompanhá-lo ao teatro?—Sim, êle vai acompanhar-me ao teatro.
Paulo vai acompanhá-los ao trem?—Sim, vai acompanhar-nos ao trem.

Você deseja ver a universidade?—Sim, tenho vontade de vê-la.
Do you want to see the university? Yes, I am anxious to see it.
Seus amigos desejam ver a nova peça?—Sim, têm vontade de vê-la.
Carlos deseja ver a biblioteca?—Sim, tem vontade de vê-la.
Vocês desejam ver o novo hotel?—Sim, temos vontade de vê-lo.
José deseja ver seus amigos?—Sim, tem vontade de vê-los.

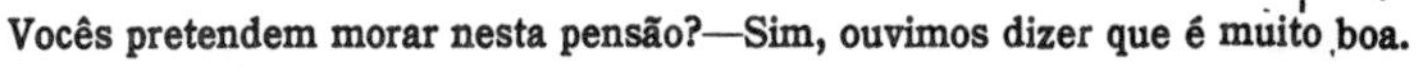

Vocês pretendem morar nesta pensão?—Sim, ouvimos dizer que é muito boa.
Do you intend to live in this boarding house? Yes, we hear that it is very good.
Maria pretende ir à cidade hoje?—Não, senhor, ouve dizer que vai chover.
Carlos pretende tomar lições de espanhol?—Não, ouve dizer que é melhor estudar português.
Você pretende ir ao teatro amanhã?—Sim, ouço dizer que a peça é muito boa.
Seus amigos pretendem ficar aquí?—Não, ouvem dizer que chove muito aquí no verão.

Maria conhece meu irmão José?—Não, não o conhece. Conhece porém seu irmão Carlos.
Does Mary know my brother Joseph? No, she doesn't know him. She knows your brother Charles though.
Você conhece minha irmã Catarina?—Não, não a conheço. Conheço porém sua irmã Maria.
Seus irmãos conhecem meu amigo Paulo?—Não, não o conhecem. Conhecem porém seu amigo João.
Vocês conhecem meu professor de espanhol?—Não, não o conhecemos. Conhecemos porém seu professor de português.
Carlos conhece minha irmã Olga?—Sim, conhece-a.

Onde Maria a encontrou?—Encontrou-me na entrada do teatro.

Where did Mary meet you? She met me outside the theater.

Onde João o encontrou?—João me encontrou na biblioteca.
Onde José os encontrou?—Encontrou-nos no apartamento de Maria.
Onde seus amigos as encontrou?—Encontraram-nos na universidade.
Onde suas irmãs os encontraram?—Elas nos encontraram na casa de Carlos.

Quantas maçãs João tem?—Tem uma para mim e outra para você.

How many apples does John have? He has one for me and one for you.

Quantos bilhetes o professor tem?—Tem um para mim e outro para José.
Quantos livros Carlos tem?—Tem um para nós e outro para seu irmão.
Quantos jornais o rapaz tem?—Tem um para nós e outro para vocês.
Quantas chícaras de café Maria tem?—Tem uma para si e outra para mim.

Vamos a casa de Maria comer camarão com arroz.—Com muito prazer. Ela o prepara de uma maneira deliciosa.

Let's go to Mary's house to eat shrimp and rice. With pleasure. She prepares it deliciously.

Vamos a meu apartamento tomar café.—Com muito prazer. Você prepara o café de uma maneira deliciosa.
Vamos ao hotel jantar.—Com muito prazer. Preparam as refeições de uma maneira deliciosa.
Vamos ao restaurante alí da esquina.—Com muito prazer. Preparam todos seus pratos de uma maneira deliciosa.
Vamos a êsse novo restaurante comer arroz com carne.—Não, não o preparam bem.

Maria mora em Nova York?—Sim, mas até agora morou em París.

Does Mary live in New York? Yes, but up till now she has lived in Paris.

José mora em São Paulo?—Sim, mas até há três meses morou no Rio.
Carlos mora em Lisboa?—Sim, mas até o ano passado morou em Roma.
João mora em Londres?—Sim, mas até há cinco anos morou no Brasil.
Você mora nesta cidade?—Sim, mas até agora morei no Rio.

O que Paulo pensa?—Pensa que é melhor ir à cidade.

What does Paul think? He thinks that it is better to go to the city.

O que suas irmãs pensam?—Elas pensam que é melhor ir a París.
O que Carlos pensa?—Carlos pensa que é melhor ir ao Rio.
O que Maria pensa?—Ela pensa que é melhor ir a Lisboa.
O que vocês pensam?—Nós pensamos que é melhor ficar aquí.

A propósito, Carlos vai para a cidade hoje?—Vai, sim.

By the way, is Charles going to the city today? Yes, he is.

A propósito, seu primo vai para Nova York hoje?—Vai, sim.
A propósito, suas irmãs vão para o Rio hoje?—Vão, sim.
A propósito, vocês vão para São Paulo hoje?—Vamos, sim.
A propósito, você vai para París hoje?—Vou, sim.

João lhe disse se deseja ir ao teatro conosco?—Não me disse nada.

Did John tell you whether he wants to go to the theater with us? He didn't tell me anything.

Carlos lhe disse se deseja tomar uma lição?—Não me disse nada.
Maria lhe disse se deseja comprar esta casa?—Não me disse nada.
Paulo lhes disse se deseja estudar inglês?—Não nos disse nada.
Seus irmãos lhe disseram se desejam morar aquí?—Não me disseram nada.

Maria o convidou a jantar com ela?—Sim, mas não aceitei seu convite.

Did Mary ask you to dine with her? Yes, but I didn't accept her invitation.

Paulo o convidou a jantar com êle?—Sim, mas não aceitei seu convite.
Carlos os convidou a jantar com êle?—Sim, mas não aceitamos seu convite.
Seus amigos a convidaram a jantar com êles?—Sim, mas não aceitei seu convite.
Sua irmã as convidou a ir ao teatro com elas?—Sim, e aceitamos seu convite.

Catarina aprende a falar francês.—Boa ideia! O francês é tão bonito!

Catherine is learning to speak French. Good idea! French is so pretty.

José aprende a falar inglês.—Boa ideia! Êle é tão aplicado.
Maria aprende a falar espanhol.—Boa ideia! Ela é tão aplicada.
Minha espôsa aprende a preparar camarão com arroz.—Boa ideia! É tão delicioso.
Minha irmã aprende a preparar arroz com carne.—Boa ideia! É um prato muito delicioso.

Devo aprender francês?—Sim, você deve aprender francês e também inglês.

Must I learn French? Yes, you have to learn French and also English.

Maria deve estudar tôdas suas lições hoje?—Sim, deve estudá-las hoje.
João deve trabalhar amanhã?—Sim, deve trabalhar amanhã.
Vocês devem ir à cidade hoje?—Sim, devemos ir à cidade hoje.
Seus amigos devem ficar na cidade.—Devem, sim.

Quanto falta para a sessão do teatro?—Faltam sòmente quinze minutos.

How soon will the show begin? It will begin in fifteen minutes.

Quanto falta para a aula de português?—Falta uma hora.
Quanto falta para sua aula de francês?—Faltam dez minutos.

Quanto falta para o almôço?—Faltam cinco minutos.
Quanto falta para o jantar?—Falta uma hora e meia.

Como Catarina está passando?—Mais ou menos, obrigado.

How is Catherine? So, so, thank you.

Como João está passando?—Muito bem, obrigada.
Como você está passando?—Bastante bem, obrigado.
Como vocês estão passando?—Vamos indo bem, obrigada.
Como Carlos está passando?—Vai indo bem, obrigado.
Como seus irmãos estão passando?—Não vão indo bem.

Quando você apanhou seu resfriado?—Apanhei-o no mês passado e ainda não sarei.

When did you catch your cold? I caught it last month and I still haven't gotten over it yet.

Quando Maria apanhou seu resfriado?—Apanhou-o há um mês e ainda não sarou.
Quando Carlos apanhou seu resfriado?—Apanhou-o há duas semanas e ainda não sarou.
Quando Paulo apanhou seu resfriado?—Apanhou-o há dois dias mas hoje está melhor.
Quando José apanhou seu resfriado?—Apanhou-o há uma semana. Vai indo melhor agora.

Você vai continuar trabalhando, não é?—Vou, sim.

You're going to continue working, aren't you? Yes, I am.

João vai continuar ensinando, não é?—Vai, sim.
Carlos vai continuar estudando, não é?—Vai, sim.
José vai continuar morando no Rio, não é?—Vai, sim.
Catarina vai continuar dando lições de italiano, não é?—Vai, sim.

Está ventando?—Sim, está ventando e vai chover.

Is it windy? Yes, it is windy and it is going to rain.

Está nevando? Sim, está. Há muita neve na rua.
Está chovendo?—Não, não está chovendo mas está nevando.
Ainda está nevando?—Não, não neva mais.
Ainda está chovendo?—Não, não chove mais.

Há quantos anos você está estudando francês?—Estou estudando francês há um ano.

How many years have you been studying French? I've been studying French for a year.

Há quantos anos Maria está aprendendo português?—Está aprendendo português há três anos.
Há quantos anos José está ensinando espanhol?—Está ensinando espanhol há dois anos.
Há quantos anos você está trabalhando aquí?—Estou trabalhando aquí há três meses.
Há quantos meses Paulo está morando no Rio?—Está morando no Rio há quatro meses.

Faz frio no Rio?—Depende da estação, mas nunca faz frio como aquí.

Is it cold in Rio? It depends on the season but it is never as cold as it is here.

Faz calor em Nova York?—Sim, faz muito calor durante o verão.

Faz calor em Roma?—Sim, sempre faz calor em Roma no verão.

Faz calor em seu pais?—Depende da região e da estação. Por exemplo, no inverno faz calor no sul e faz frio no norte.

Faz frio no nordeste?—Sim, a temperatura desce muito no inverno.

Faz frio no estado do Rio Grande do Sul?—Sim, faz muito frio no inverno no estado do Rio Grande do Sul.

Que tempo está fazendo?—Está fazendo mau tempo.

How is the weather? The weather is bad.

Que tempo está fazendo?—Está fazendo bom tempo.

Que tempo está fazendo?—Está nevando.

Que tempo está fazendo?—Está chovendo.

Que tempo está fazendo?—Está ventando.

Você está com frio?—Sim, sempre estou com frio no inverno.

Are you cold? Yes, I am always cold in the winter.

Maria está com calor?—Sim, está com muito calor.

Seus irmãos estão com sêde?—Não, mas estão com muita fome.

Vocês estão com calor?—Sim, estamos com calor. Faz muito calor aquí.

João está com frio?—Sim, está com frio. Faz muito frio aquí.

Catarina está com calor?—Sim, está com muito calor.

Quais são as estações do ano?—As estações do ano são: a primavera, o verão, o outono e o inverno.

What are the seasons of the year? The seasons of the year are: spring, summer, autumn, and winter.

Quais são os meses da primavera no Brasil?—Os meses da primavera no Brasil são; setembro, outubro e novembro.

Quais são os meses do verão no Brasil?—Os meses do verão no Brasil são: dezembro, janeiro, e fevereiro.

Quais são os meses do outono no Brasil?—Os meses do outono no Brasil são: março, abril e maio.

Quais são os meses do inverno no Brasil?—Os meses do inverno no Brasil são: junho, julho e agôsto.

Lição VIII (oitava)

PAULO

Ontem, conforme já lhe[100] disse, fui ao teatro. Gostei muito da peça.

PAUL

Yesterday, as I told you, I went to the theater. I liked the play very much.

MARIA

Você viu nosso amigo Carlos?

MARY

Did you see our friend Charles?

PAULO

Sim, ontem fomos juntos ao teatro.

PAUL

Yes, we went to the theater together yesterday.

MARIA

Antigamente, nós nos[110] encontrávamos[154, 158] todos os dias na escola, mas ainda não o vi êste ano.

MARY

Formerly, we met each other every day at school, but I haven's seen him yet this year.

PAULO

Êle me disse que não pode[132] estudar na mesma escola em que[115] estava[158] no ano passado, porque precisa de trabalhar durante a manhã. É esta a razão por que vocês não se[110] encontram.

PAUL

He told me that he can't study in the same school that he was in last year, because he has to work in the morning. This is the reason why you don't meet each other.

MARIA

Lembro-me[108] de que Carlos trabalhava[158] na livraria da rua da Carioca.

MARY

I remember that Charles used to work in the bookstore on Carioca Street.

PAULO

Sim. E é na vitrina daquela livraria que vi na semana passada um novo dicionário que[115] quis[151] comprar. Não pude[151] comprá-lo porque me[108] esquecí de meu dinheiro. Mas vou comprá-lo hoje.

PAUL

Yes. And it's in the show window of that bookstore that I saw a new dictionary that I wanted to buy. I couldn't buy it because I forgot my money. But I am going to buy it today.

MARIA

E eu vou à chapelaria do outro lado da rua. Êste chapéu de verão que minha mãe trouxe é muito grande[79] para mim e pretendo trocá-lo. Você quer[132] acompanhar-me para comprar seu dicionário?

MARY

And I'm going to the milliner's on the other side of the street. This summer hat that my mother brought me is too large for me and I intend to exchange it. Do you wish to go along with me to buy your dictionary?

PAULO

25 Bem, Maria, vou acompanhá-la.

PAUL

All right, Mary, I am going to accompany you.

MARIA

Vamos sair agora.

MARY

Let us leave now.

No onibus

In the bus

MARIA

Você já pagou nossas passagens?

MARY

Have you paid our fares?

PAULO

Vou pagá-las agora. Ah! Não tenho dinheiro trocado. Tenho sòmente esta nota. Você tem 30 trôco?

PAUL

I am going to pay them now. Ah! I don't have any change. I only have this bill. Do you have any change?

MARIA

Não. Não trouxe dinheiro comigo. É[144] muito bom sair com um cavalheiro, porque êle paga tudo.

MARY

No. I didn't bring any money with me. It is fine to go out with a gentleman, because he pays for everything.

PAULO

Pois, o cobrador deve[210] trocar a nota.

PAUL

Well, the conductor must change the bill.

MARIA

35 Está na hora de saltar, porque a chapelaria é[142] na primeira rua à direita.

MARY

It is time to get off now, because the milliner's is on the first street to the right.

Na rua

In the street

PAULO

Vá[137] trocar seu chapéu. Neste meio tempo, eu vou à livraria a fim de comprar o dicionário.

PAUL

Go and exchange your hat. In the meantime, I am going to the bookstore to buy the dictionary.

MARIA

40 Então até já. Termino[133] dentro de dez minutos.

MARY

So long, then. I shall be through in ten minutes.

PAULO

Está bem. Posso[132] esperá-la na livraria.

PAUL

Right. I can wait for you in the bookstore.

MARIA

Demorei muito?

MARY

Was I long?

PAULO

45 Esperei-a apenas meia hora. Não foi muito tempo.

PAUL

I waited for you only a half hour. It wasn't very long.

MARIA

Foi[144] difícil encontrar um chapéu. Ademais, quando experimentava[158] o chapéu, vi um vestido muito bonito e não pude resistir ao desejo de[199] vestí-lo. E o[91] meu chapéu, é
50 bonito?

MARY

It was hard to find a hat. Besides, when I was trying the hat on, I saw a very pretty dress and I couldn't resist the desire to put it on. And my hat, is it pretty?

PAULO

Mais ou menos.

PAUL

More or less.

MARIA

Mais ou menos, não! É bonito, elegante e muito útil para o verão.

MARY

More or less, nothing! It is pretty, stylish and useful for summer time.

PAULO

Não posso dar opinião sobre chapéus de
55 mulher, já que não os uso e não conheço[127, 225] o gôsto feminino.

PAUL

I can't express an opinion on women's hats, since I don't wear them and I don't know anything about feminine taste.

MARIA

Você achou o dicionário que queria?[155, 158]

MARY

Did you find the dictionary that you wanted?

PAULO

Não pude[151] encontrá-lo. Publicaram-no há[217] um mês, mas já venderam tôda a
60 edição.

PAUL

I couldn't find it. They published it a month ago but have already sold the whole edition.

MARIA

E não pôde encontrá-lo na livraria vizinha?

MARY

And you couldn't find it in the bookstore next door?

PAULO

Êles também não têm.[102]

PAUL

They don't have it either.

MARIA

Antes de voltar para casa, vamos tomar uma chícara de café alí em frente.

MARY

Before going home, let's get a cup of coffee across the street.

PAULO

65 Vamos logo. No ano passado mamãe acompanhava-nos,[158] a mim e ao papai, quando dávamos[158] um passeio depois do jantar, para tomar café aquí.

PAUL

Let's go right away. Last year mother used to accompany father and me to get coffee here, when we took a walk after dinner.

Exercises

Você quer ir ao teatro comigo?—Não, não quero ir com você. Conforme já lhe disse, fui ao teatro ontem.

Do you want to go to the theater with me? No, I don't want to go with you. As I told you, I went to the theater yesterday.

Vocês querem ir a Nova York comigo?—Não, não queremos ir com você. Conforme já lhe dissemos, fomos a Nova York na semana passada.

João quer ir à cidade comigo?—Não, não quer ir com você. Conforme já lhe disse, foi à cidade ontem.

Maria quer ir ao mercado comigo?—Não, não quer ir com você. Como já lhe disse, foi ao mercado esta manhã.

Você quer ir para casa comigo?—Sim, quero ir com você. Como já lhe disse, quero ver sua mãe.

Você quis comprar um livro de alemão?—Sim, senhor, quis comprar um livro de alemão, mas não o encontrei.

Did you want to buy a German book? Yes, sir, I wanted to buy a German book, but I didn't find it.

Você quis comprar um livro de português?—Sim, senhor, quis comprar um livro de português, mas não o encontrei.

Vocês quiseram comprar um jornal italiano?—Sim, senhor, quisemos comprar um jornal italiano, mas não o encontramos.

Maria quis comprar um par de meias?—Sim, senhor, quis comprar um par de meias, mas não encontrou meias bonitas.

Seu professor quis comprar uma casa em Nova York?—Não, senhor, quis comprar uma casa em Londres.

Você foi ao teatro com Maria ontem a noite?—Sim, senhor, fomos juntos.

Did you go to the theater with Mary last night? Yes, sir, we went together.

Você foi à cidade com seu irmão?—Sim, senhor, fomos juntos.

Vocês foram para Nova York com Paulo?—Sim, senhor, fomos juntos.

Maria foi ao apartamento com esta moça?—Sim, senhor, foram juntas.

A senhora foi para casa com sua amiga?—Não, senhor, não fomos juntas; ela foi mais tarde.

Vocês se encontram aquí todos os dias?—Agora, não, mas antigamente nós nos encontrávamos aquí todos os dias.

Do you meet each other here every day? Not now, but formerly we used to meet each other here every day.

Vocês se encontram muito?—Agora, não, mas antigamente nos encontrávamos tôdas as quintas-feiras.
Os alunos se encontram todos os dias na escola?—Agora, não, mas antigamente êles se encontravam alí todos os dias.
As moças se encontram tôdas as semanas em casa de Maria?—Agora, não, mas antigamente elas se encontravam tôdas as sextas-feiras em casa de Maria.
Os professores se encontram todos os meses?—Agora, não, mas antigamente êles se encontravam todos os meses.

Quando você vê Maria?—Nós nos vemos todos os dias.
When do you see Mary? We see each other every day.
Quando João vê Paulo?—Êles se vêem tôdas as semanas.
Quando Maria vê Catarina?—Elas se vêem tôdas as quartas-feiras
Quando José vê o professor?—Vêem-se todos os dias.
Quando vocês se vêem?—Não nos vemos muito.

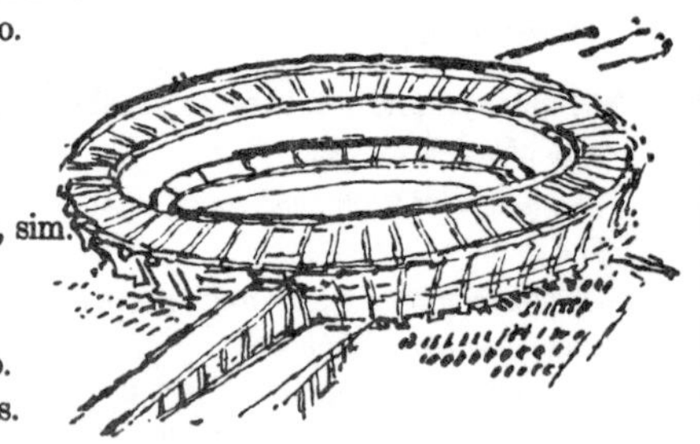

Você pode estudar comigo hoje?—Posso, sim.
Can you study with me today? Yes, I can.
Vocês podem ficar aquí todo o dia?—Podemos, sim.
Maria pode trocar a nota?—Pode, sim.
João pode trabalhar aquí hoje?—Pode, sim.
Você pode ouvir o que Maria diz?—Sim, posso.
Vocês podem ouvir o que digo?—Sim, podemos.

Você pôde ver seu amigo ontem?—Não, senhor, não pude vê-lo ontem.
Were you able to see your friend yesterday? No, sir, I couldn't see him yesterday.
Maria pôde ver sua irmã ontem à noite?—Não, senhor, não pôde vê-la ontem à noite.
João pôde ver seu professor esta manhã?—Não, senhor, não pôde vê-lo esta manhã.
Vocês puderam ver seu irmão ontem?—Não, senhor, não pudemos vê-lo ontem.
Seus amigos puderam ver a nova peça ontem à noite?—Sim, senhor, puderam vê-la ontem à noite.

Você comprou um vestido hoje?—Não, senhor, não pude encontrar o que queria.
Did you buy a dress today? No, sir, I wasn't able to find what I wanted.
Maria comprou um chapêu hoje?—Não, senhora, não pôde encontrar o que queria.
Vocês compraram uma casa hoje?—Não, senhor, não pudemos encontrar o que queríamos.
Carlos comprou um dicionário hoje?—Não, senhor, não, pôde encontrar o que queria.
Seus irmãos compraram um livro de espanhol hoje?—Não, senhor, não puderam encontrar o que queriam.

Você ainda mora na mesma casa em que morava há cinco anos?—Sim, senhor, ainda moro na mesma casa.

Do you still live in the same house that you were living in five years ago? Yes, sir, I still live in the same house.

Você ainda estuda na mesma escola em que estudava há dois anos?—Sim, senhor, ainda estudo na mesma escola.

O professor Oliveira ainda ensina na mesma universidade em que ensinava no ano passado?—Sim, senhor, ainda ensina na mesma universidade.

João ainda mora na mesma pensão em que morava há seis meses?—Sim, senhor, mora na mesma pensão.

Vocês ainda moram na mesma cidade em que moravam no ano passado?—Não, senhor, agora moramos em outra cidade.

Os rapazes ainda trabalham no mesmo hotel em que trabalhavam na semana passada?—Não, senhor, agora trabalham em outro hotel.

Por que você precisa de trocar seu chapéu?—Preciso de trocar meu chapéu, porque acho que é muito grande para mim.

Why do you have to exchange your hat? I have to exchange my hat, because I find that it is too big for me.

Por que Maria precisa de trocar seu novo vestido?—Precisa de trocá-lo, porque acha que é muito pequeno para ela.

Por que Catarina precisa de trocar seu chapéu preto?—Precisa de trocá-lo, porque acha que é muito pequeno para ela.

Por que você precisa de trocar seu vestido vermelho?—Preciso de trocá-lo porque mamãe acha que não é bastante barato para mim.

Por que Carlos precisa de trocar seu chapéu de verão?—Porque acha que é muito caro para êle.

Maria gosta da língua francesa?—Sim, senhor, é esta a razão porque ela a fala bem.

Does Mary like the French language? Yes, sir, that is the reason why she speaks it well.

Paulo gosta de chá?—Sim, senhor, é esta a razão porque não bebe café.

Carlos gosta do camarão com arroz?—Sim, senhor, é esta a razão porque come neste restaurante.

João gosta de estudar?—Sim, senhor, é esta a razão porque êle é bom aluno.

O professor gosta de ensinar?—Sim, senhor, é esta a razão porque êle é bom professor.

Você se lembra do nome da peça que viu na semana passada?—Não, não me lembro do nome da peça que vi.

Do you remember the name of the play you saw last week? No, I don't remember the name of the play that I saw.

João se lembra do preço do relógio que comprou no ano passado?—Não, não se lembra do preço do relógio que comprou no ano passado.
Vocês se lembram do nome do professor que lhes ensinou português há dois anos?—Não, não nos lembramos.
Seus amigos se lembram do nome da pensão em que moravam há três anos?—Não, não se lembram.
Maria se lembra do nome da chapelaria onde comprou seu chapéu de verão?—Não, não se lembra.

Onde você trabalhava antes?—Trabalhava em Roma.

Where did you use to work? I used to work in Rome.

Onde vocês trabalhavam antigamente?—Trabalhávamos em uma livraria.
Onde Maria trabalhava?—Trabalhava em una chapelaria.
Onde João morava quando trabalhava no Rio?—Morava na rua da Carioca.
Onde Carlos morava quando estudava no Rio?—Morava na mesma rua.

João se esqueceu de trazer meus livros?—Sim, esqueceu-se de trazê-los.

Did John forget to bring my books? Yes, he forgot to bring them.

Você se esqueceu de trazer o jornal?—Sim, esquecí-me de trazê-lo.
Maria se esqueceu de trazer a carne para o jantar?—Sim, esqueceu-se de trazê-la.
Os rapazes se esqueceram de trazer o pão?—Sim, esqueceram-se de trazê-lo.
Vocês se esqueceram de trazer o vinho?—Não, não nos esquecemos de trazê-lo. Temo-lo aquí.

Onde você vai?—Vou à casa do outro lado da rua.

Where are you going? I am going to the house on the other side of the street.

Onde você vai?—Vou à chapelaria alí em frente.
Onde vocês vão?—Vamos à livraria do outro lado da rua.
Onde Maria vai?—Vai ao hotel alí em frente.
Onde João vai?—Vai à escola do outro lado da rua.

Você quer acompanhar-nos, a mim e ao papai, ao teatro?—Sim, com muito prazer. Quero acompanhá-los.

Do you wish to accompany father and me to the theater? Yes, with pleasure. I wish to accompany you.

Você quer acompanhar-nos, a mim e a mamãe, para dar um passeio?—Sim, com muito prazer. Quero acompanhá-los.
Você quer acompanhar-nos, a mim e a João, à livraria?—Sim, com muito prazer.
Você quer acompanhar-nos, a mim e a Maria, à igreja?—Sim, com muito prazer.
Vocês querem acompanhar-nos, a mim e a Carlos, para dar um passeio?—Sim, com muito prazer. Queremos acompanhá-los.

Você pode pagar êste livro agora?—Sim, senhor, tenho dinheiro trocado.

Can you pay for this book now? Yes, sir, I have change.

Você pode pagar nossas passagens?—Sim, senhor, tenho trôco.
Você pode pagar êste dicionário?—Sim, senhor, tenho esta nota e também dinheiro trocado.
Carlos pode pagar o café da manhã?—Sim, senhor, tem bastante trôco.
João pode pagar tudo?—Não, senhor, êle não tem bastante dinheiro.

É muito bom sair com um cavalheiro.

It is fine to go out with a gentleman.

É muito bom estudar línguas.
É muito bom beber leite.
É muito bom comer carne.
É muito bom ser aplicado.
É muito bom ter bons amigos.

José saía com sua irmã, quando êle estava em Lisboa?—Sim, senhor, saía com ela tôdas as noites.

Did John go out with your sister when he was in Lisbon? Yes, sir, he went out with her every night.

Maria saía com João quando ela estava no Rio?—Sim, senhor, saía com êle todos os dias.
Você saía com Catarina quando estava na cidade?—Sim, saía com ela todos os domingos.
Vocês saíam com João quando êle estava aquí?—Sim, senhor, saíamos com êle todos os dias.
Carlos saía com você quando você estava em Nova York?—Não, infelizmente, não podia sair comigo porque eu trabalhava à noite.

Quando você deve saltar?—Está na hora de saltar. Meu hotel é na primeira rua à esquerda.

When do you have to get off? It is time to get off now. My hotel is on the first street to the left.

Quando Maria e João devem saltar?—Está na hora de saltar. A casa de Maria é na primeira rua à direita.
Quando Carlos deve saltar?—Está na hora de saltar. Seu apartamento é na primeira rua à direita.
Quando o professor deve saltar?—Está na hora de saltar. A escola é na primeira rua à direita.
Quando nós devemos saltar?—Ainda não está na hora de saltar.

Vá trocar esta nota.

Go and change this bill.

Vá trocar seu chapéu.
Vá beber um copo de água.
Vá estudar suas lições de espanhol.
Vão estudar sua lição de português.

Por que você vai à cidade?—Vou à cidade a fim de comprar um novo chapéu.

Why are you going to the city? I am going to the city to buy a new hat.

Por que você vai ao teatro?—Vou ao teatro a fim de ver a nova peça.

Por que Maria vai à escola?—Vai à escola a fim de aprender espanhol.

Por que seu irmão vai ao Rio?—Vai ao Rio a fim de ver sua amiga Catarina.

Por que o amigo de Maria vai à livraria?—Vai à livraria a fim de comprar um dicionário francês.

Você vai esperar-me aquí, não é?—Sim, senhor.—Então, até já.

You are going to wait for me here, aren't you. Yes, sir. So long, then.

Vocês vão esperar-me na livraria, não é?—Sim, senhor.—Então, até já.

Vocês vão esperar-me na chapelaria, não é?—Sim, senhor.—Então, até já.

Você vai esperar-nos no hotel, não é?—Sim, senhor.—Então, até já.

Você vai esperar-me na casa de Maria, não é?—Não, senhor, vou esperá-lo na biblioteca.—Então, até já.

O que você estuda?—Estudo minha lição de português, mas termino dentro de quinze minutos.

What are you studying? I am studying my Portuguese lesson, but I shall be through in fifteen minutes.

O que Maria estuda?—Estuda sua lição de francês, mas termina dentro de uma hora.

O que João estuda?—Estuda sua lição de alemão, mas termina dentro de duas horas.

O que vocês estudam?—Estudamos nossas lições de espanhol, mas terminamos dentro de meia hora.

O que os alunos estudam?—Estudam italiano, mas terminam dentro de dez minutos.

João demorou muito?—Não, senhor, esperei-o apenas meia hora. Não foi muito tempo.

Was John long? No, sir, I waited for him only a half hour. It wasn't very long.

Demorei muito?—Não, senhor, esperei-o apenas cinco minutos. Não foi muito tempo.

O professor demorou muito?—Não, senhor, seus alunos esperaram-no apenas dez minutos. Não foi muito tempo.

O garçon demorou muito?—Não, senhor, esperei-o apenas dois minutos. Não foi muito tempo.

As moças demoraram muito?—Sim, senhor, esperamo-las mais de uma hora.

Foi difícil encontrar uma casa no Rio?—Sim, senhor, foi muito difícil.

Was it hard to find a house in Rio? Yes, sir, it was very hard.

Foi difícil encontrar um jornal português em París?—Sim, senhor, foi muito difícil.

Foi difícil encontrar um professor de alemão em Lisboa?—Sim, senhor, foi mais ou menos difícil.

Foi difícil achar uma casa com dois banheiros?—Sim, senhor, foi muito difícil.
Foi difícil achar um bom hotel em Nova York?—Não, senhor, não foi difícil.

Maria estudou tôda a lição?—Sim, senhor, estudou-a tôda.

Did Mary study the whole lesson? Yes, sir, she studied it all.

Carlos comeu todo seu jantar?—Sim, senhor, comeu-o todo.
Venderam tôda a edição?—Sim, senhor, venderam-na tôda.
Catarina trabalhou todo o dia?—Sim, senhor, trabalhou todo o dia.
José falou com o professor tôda a hora?—Sim, senhor, falou com êle tôda a hora.

Sua irmã experimentou aquêle bonito chapéu que está na vitrina?—Ia experimentá-lo, mas não teve bastante tempo.

Did your sister try on that pretty hat that is in the window? She was going to try it on, but she didn't have enough time.

Maria experimentou aquêle vestido vermelho?—Ia experimentá-lo, mas não teve bastante tempo.
Catarina experimentou aquêle elegante vestido?—Ia experimentá-lo, mas não teve bastante dinheiro.
Você experimentou o novo chapéu de sua irmã?—Ia experimentá-lo, mas não tive a oportunidade.
Carlos experimentou aquêle chapéu?—Sim, senhor, experimentou-o.

Você tinha aula todos os dias?—Tinha, sim.

Did you have class every day? Yes, I did.

Seus amigos tinham aula todos os dias?—Tinham, sim.
Vocês tinham aula todos os dias?—Tínhamos, sim.
Carlos tinha aula todos os dias?—Tinha, sim.
Maria tinha aula todos os dias?—Não, sòmente tinha aula nas segundas-feiras.

Por que Maria não tem dinheiro hoje?—Porque viu um bonito vestido ontem e não pôde resistir ao desejo de comprá-lo.

Why doesn't Mary have any money today? Because she saw a pretty dress yesterday and she couldn't resist the desire to buy it.

Por que Catarina não tem dinheiro?—Porque viu um bonito chapéu de verão, e não pôde resistir ao desejo de comprá-lo.
Por que o professor não tem dinheiro?—Porque viu cinco novos livros, e não pôde resistir ao desejo de comprá-los.
Por que você não tem dinheiro?—Porque vi um bonito guarda-chuva esta manhã e não pude resistir ao desejo de comprá-lo.

Por que vocês não têm dinheiro?—Porque não pudemos resistir ao desejo de comprar bilhetes para a nova peça.

Meu vestido é bonito?—Não posso dar opinião sôbre vestidos, já que não conheço o gôsto feminino.

Is my dress pretty? I can't express an opinion on dresses, since I don't know anything about feminine taste.

O chapéu de Maria é bonito?—Não posso dar opinião sôbre chapéus de mulher, já que não conheço o gôsto feminino.

Êste dicionário é útil?—Não posso dar opinião sôbre aquéle dicionário, já que não conheço a língua portuguêsa.

Êste vinho é bom?—Não posso dar opinião sôbre vinho, já que não bebo vinho.

A língua portuguêsa é difícil?—Não posso dar opinião sôbre a língua portuguêsa, já que não a falo.

O que você vai vestir, Maria?—Hoje vou vestir meu novo vestido.

What are you going to put on, Mary? Today I am going to put on my new dress.

O que Catarina vai vestir?—Hoje vai vestir seu novo chapéu verde.

O que a senhora vai vestir?—Vou vestir meu novo vestido de verão.

O que vocês vão vestir?—Nós vamos vestir nossos vestidos vermelhos.

O que Maria vai vestir?—Vai vestir seu velho vestido porque pensa que vai chover.

João tem dinheiro?—Não, senhor, e eu também não tenho.

Does John have money? No, sir, and I don't have any either.

O cobrador tem trôco?—Não, senhor, e José também não tem.

Paulo tem um dicionário?—Não, senhor, e o professor também não tem.

Carlos tem um cômodo neste hotel?—Não, senhor, e João também não tem.

Catarina tem amigos aquí?—Não, senhor, e eu também não tenho.

A que horas você partiu?—Era muito tarde; depois da uma.

What time did you leave? It was very late; after one o'clock.

A que horas Maria partiu?—Era muito cedo; antes das quatro.

A que horas João partiu?—Era muito tarde; depois das onze.

A que horas Catarina partiu?—Era bastante cedo; antes das oito.

A que horas Paulo partiu?—Era bastante tarde; depois das dez.

Antes de tomar o trem, vamos comer alguma coisa.

Before taking the train, let's eat something.

Antes de ir para cama, vamos beber alguma coisa.

Antes de jantar, vamos ao teatro.
Depois de estudar, vamos dar um passeio.
Depois de voltar para casa, vamos estudar.

Você quer dar um passeio comigo neste meio tempo?—Com muito prazer.—Vamos logo.

Do you wish to take a walk with me in the meantime? With pleasure. Let's go right away.

O senhor quer dar um passeio conosco neste meio tempo?—Com muito prazer.—Vamos logo.
Os senhores querem dar um passeio neste meio tempo?—Com muito prazer.—Vamos logo.
As senhoras querem dar um passeio conosco neste meio tempo?—Com muito prazer.—Vamos logo.
A senhora quer dar um passeio comigo neste meio tempo?—Agora não, senhor, porque estou muito cansada.

Lição IX (nona)

Na estação da estrada de ferro do Rio

In the railroad station of Rio de Janeiro

OLGA

Por favor, quando sairá[159] o trem?

Tell me, please, when will the train leave?

BILHETEIRO

Que trem, senhorita? Hoje sairão[159] vários trens para o sul e o centro do país.

TICKET AGENT

Which train, miss? Several trains will leave today for the south and the center of the country.

OLGA

Quero ir para São Paulo.

I want to go to São Paulo.

BILHETEIRO

Haverá[216] dois trens para o estado de São Paulo.

TICKET AGENT

There will be two trains for the state of São Paulo.

OLGA

Quero ir para a cidade de São Paulo.

I want to go to the city of São Paulo.

BILHETEIRO

Êsse trem partirá às oito, isto é, dentro de duas horas; e chegará a São Paulo amanhã de manhã, às sete horas.

TICKET AGENT

That train will leave at eight o'clock, that is, in two hours; and it will arrive at São Paulo tomorrow morning at seven o'clock.

OLGA

Portanto, gastarei onze horas viajando?

Therefore, I shall spend eleven hours travelling?

BILHETEIRO

Isso mesmo.

TICKET AGENT

Exactly.

OLGA

Outra cousa. Meu bilhete não informa nada a respeito do número da poltrona que deverei[212] ocupar. Haverá[216] assentos reservados? Não quero viajar em pé. Vim[151] hoje de Petrópolis e estou muito cansada.

Something else. My ticket gives no information on the number of the chair that I am to occupy. Will there be reserved seats? I don't want to ride standing. I came from Petropolis today and I am very tired.

BILHETEIRO

Não há assentos reservados no trem das oito. Contudo, como o trem partirá daquí, a senhorita[94] encontrará um lugar. E não

TICKET AGENT

There are no reserved seats on the eight o'clock train. However, as the train will leave from here, you will find a seat. And teremos muitos passageiros. Seu bilhete é de primeira ou de segunda classe?

we shall not have many passengers. Is your ticket first-class or second-class?

OLGA

De primeira. Por que?

OLGA

First. Why?

BILHETEIRO

Porque os passageiros de primeira classe têm direito ao uso do carro-restaurante.

TICKET AGENT

Because the first-class passengers have the right to use the dining car.

OLGA

É? Não sabia.[225] Muito obrigada por suas informações.[61] Adeus!

OLGA

Is that so? I didn't know that. Thanks for the information. Good-bye.

BILHETEIRO

De nada. Adeus e boa viagem.

TICKET AGENT

Not at all. Good-bye and a pleasant journey

Na estação de São Paulo

In the São Paulo station

CARREGADOR

Deseja um carregador?

PORTER

Do you want a porter?

OLGA

Sim, por favor. Aquí tem[226] minhas malas.

OLGA

Yes, please. Here are my bags.

CARREGADOR

Sim, senhorita. Tomarei conta delas.[97]

PORTER

Yes, miss. I will take care of them.

OLGA

Quero tomar um taxi.

OLGA

I want to take a taxi.

CARREGADOR

Se me permite . . . em que hotel a senhorita se hospedará? Se não tem um de preferência, quero recomendar-lhe o Hotel Mineiro, que está perto do centro, que não é caro e onde a senhorita poderá tomar as refeições.

PORTER

May I ask you . . . in what hotel are you going to stop? If you do not have any preference, I want to recommend to you the Hotel Mineiro, which is near the center of the city and is not expensive and where you will be able to take your meals.

OLGA

40 Obrigada. Hospedar-me-ei[108] no Hotel Santos, onde já reservei quarto. Quanto lhe devo?[210]

OLGA

Thanks. I shall stop at the Hotel Santos, where I have already reserved a room. How much do I owe you?

CARREGADOR

A senhorita me pagará qualquer cousa.

PORTER

You will pay me whatever you wish.

OLGA

O senhor ficará satisfeito com cinco cruzeiros?

OLGA

Will you be satisfied with five cruzeiros?

CARREGADOR

Sim, muito obrigado.

PORTER

Yes, many thanks.

No Hotel Santos

At the Hotel Santos

PORTEIRO

45 Às suas ordens! Deseja alguma cousa?

HOTEL CLERK

At your service! Do you want something?

OLGA

Sim. Reservei por carta, na semana passada, um quarto neste hotel.

OLGA

Yes. Last week I reserved by mail a room in your hotel.

PORTEIRO

Qual é seu nome?

HOTEL CLERK

What is your name?

OLGA

Olga de Oliveira.

OLGA

Olga de Oliveira.

PORTEIRO

50 Não sei[225] se teremos um quarto vago para esta noite.

HOTEL CLERK

I don't know whether we shall have a vacant room for tonight.

OLGA

Ah! . . . por favor, arranje-me um.

OLGA

Ah! . . . please try to have one for me.

PORTEIRO

55 Estou enganado. Temos um hóspede que sairá agora. Assim, dentro de meia hora teremos quarto vago.

HOTEL CLERK

I was wrong. We have a guest who is leaving now. And so in a half hour we will have a vacant room.

OLGA

Que bom! O quarto tem banheiro?

OLGA

Fine! Does the room have a bath?

PORTEIRO

Sim. Tem.

HOTEL CLERK

Yes. It does.

OLGA

Bem. Ficarei com êle. Há telefone no quarto?

OLGA

All right. I'll take it. Is there a telephone in the room?

PORTEIRO

Infelizmente, não; mas lhe transmitiremos qualquer recado. Ademais, a senhorita poderá falar no aparelho que há no andar.

HOTEL CLERK

Unfortunately not; but we shall send you any message. Besides, you may use the 'phone on the floor.

OLGA

Quanto deverei[212] pagar pelo quarto?

OLGA

How much shall I have to pay for the room?

PORTEIRO

Trinta cruzeiros a diária, sem refeições.

HOTEL CLERK

Thirty cruzeiros a day, without meals.

OLGA

E as refeições, quanto custarão?

OLGA

And the meals, how much will they be?

PORTEIRO

Quatro cruzeiros o café da manhã, e dez cruzeiros o almôço ou o jantar.

HOTEL CLERK

Four cruzeiros for breakfast, and ten cruzeiros for luncheon or dinner.

OLGA

Bem. Enquanto o senhor manda[190, 222] preparar o quarto, deixo[133] minhas malas aquí e vou telefonar.

OLGA

All right. While you're having the room prepared, I shall leave my bags here and go to telephone.

PORTEIRO

A cabine do telefone está a seu lado esquerdo.

HOTEL CLERK

The telephone booth is to your left.

OLGA

Obrigada. Voltarei já.

OLGA

Thanks. I'll be right back.

Exercises

A que horas você chegará a Lisboa?—Chegarei a Lisboa às sete da manhã.

What time will you arrive in Lisbon? I shall arrive in Lisbon at seven o'clock in the morning.

A que horas Maria chegará a São Paulo?—Chegará a São Paulo às dez e meia da noite.

A que horas vocês chegarão a París?—Chegaremos a París às oito da manhã.

A que horas suas irmãs chegarão a Roma?—Chegarão a Roma às nove.
A que horas Carlos chegará a Nova York?—Chegará a Nova York às onze em ponto.

Você terá aula amanhã?—Terei, sim.
Will you have class tomorrow? Yes, I shall.
Maria terá aula amanhã?—Terá, sim.
Seus irmãos terão aula amanhã?—Terão, sim.
Vocês terão aula amanhã?—Teremos, sim.
Carlos terá aula amanhã?—Não, não terá.

Haverá um telefone em meu quarto?—Sim, senhorita, haverá um telefone em seu quarto.
Will there be a telephone in my room? Yes, miss, there will be a telephone in your room.
Haverá um carro-restaurante no trem das sete?—Sim, senhor, haverá um carro-restaurante naquele trem.
Haverá assentos reservados no trem da uma?—Sim, senhorita, haverá assentos reservados naquele trem.
Haverá uma sala de jantar no novo apartamento?—Sim, senhora, haverá uma grande sala de jantar.
Haverá dois banheiros em sua nova casa?—Não, senhor, haverá sòmente um.

Quando João partirá para Lisboa?—Partirá para Lisboa às nove; isto é, dentro de uma hora.
When will John leave for Lisbon? He will leave for Lisbon at nine o'clock; that is, in an hour.
Quando Carlos partirá para São Paulo?—Partirá para São Paulo às três; isto é, dentro de quatro horas.
Quando Maria partirá para Nova York?—Partirá às dez; isto é, dentro de duas horas.
Quando Paulo partirá para París?—Partirá para París às oito; isto é, dentro de três horas.
Quando seus amigos partirão para o Rio?—Partirão para o Rio às onze, isto é, dentro de meia hora.
Quando vocês partirão para a cidade?—Não partiremos para a cidade até amanhã.

Portanto, você gastará doze horas viajando?—Isso mesmo.
Therefore, you will spend twelve hours traveling? Exactly.
Portanto, eu gastarei oito horas trabalhando?—Isso mesmo.
Portanto, vocês gastarão três horas preparando as refeições?—Isso mesmo.
Portanto, meus alunos gastarão cinco horas estudando?—Isso mesmo.
Portanto, a senhorita gastará todo o dia ensinando?—Isso mesmo.

Que quarto Carlos deverá ocupar?—Deverá ocupar êste quarto grande.
What room is Charles to occupy? He is to occupy this big room.
Que quarto eu deverei ocupar?—Você deverá ocupar aquêle quarto pequeno.

Que quarto vocês deverão ocupar?—Meu espôso e eu deveremos ocupar êste quarto vago.
Que quarto Maria deverá ocupar?—Deverá ocupar meu quarto.
Que quarto suas irmãs deverão ocupar?—Deverão ocupar o quarto vizinho.

Que informa seu bilhete a respeito do número de sua poltrona?—Não informa nada.

What information does your ticket give on the number of your chair? It gives no information.

Que informa o bilhete de Carlos a respeito da hora da sessão?—Não informa nada.
Que informa o bilhete de Maria a respeito do número de seu assento?—Não informa nada.
Que informa o bilhete de Paulo a respeito do uso do carro-restaurante?—Não informa nada.
Que informa o bilhete de José a respeito do nome da peça?—Não informa nada.

Sairá daquí o trem das oito para Lisboa?—Sim, senhor, todos os trens para Lisboa saem daquí.

Will the eight o'clock train for Lisbon leave from here? Yes, sir, all the trains for Lisbon leave from here.

Sairá daquí o trem das sete para Roma?—Sim, senhorita, todos os trens para Roma saem daquí.
Sairá daquí o trem das dez para París?—Sim, senhora, todos os trens para París saem daquí.
Sairá daquí o trem das oito para Londres?—Sim, senhor, todos os trens para Londres saem daquí.
Sairá daquí o trem das nove para Nova York?—Sim, senhora, todos os trens para Nova York saem daquí.
Sairá daquí o trem das cinco para São Paulo?—Não, senhor, não sairá daquí, sairá da outra estação.

Você vem a meu apartamento esta noite?—Venho, sim.

Are you coming to my apartment tonight? Yes, I am.

Maria vem a minha casa hoje?—Vem, sim.
Carlos vem a nosso hotel esta manhã?—Vem, sim.
Vocês vêm ao restaurante conosco?—Vimos, sim.
Seus irmãos vêm ao teatro conosco?—Vêm, sim.

Por que você veio aquí?—Vim aquí para estudar italiano.

Why did you come here? I came here to study Italian.

Por que Carlos veio aquí?—Veio aquí para ensinar inglês.
Por que seus amigos vieram aquí?—Vieram aquí para aprender francês.
Por que a senhorita veio aquí?—Vim aquí para ver minha irmã.
Por que vocês vieram aquí?—Viemos aquí para trabalhar.

Seu bilhete é de primeira classe?—Não, senhorita, meu bilhete é de segunda classe.

Is your ticket first class? No, miss, my ticket is second class.

O bilhete de João é de primeira classe?—Não, senhorita, seu bilhete também é de segunda classe.

O bilhete de Maria é de segunda classe?—Não, senhor, seu bilhete é de primeira classe.

Os bilhetes de seus amigos são de segunda classe?—Não, seus bilhetes também são de primeira classe.

O bilhete de Carlos é de segunda classe?—Sim, seu bilhete é de segunda classe.

A senhorita tem direito ao uso do carro-restaurante.—É? Não sabia.

You have right to the use of the dining-car. Is that so? I didn't know that.

Você tem direito ao uso do telefone.—É? Não sabia.

A senhora tem direito ao uso dêste banheiro.—É? Não sabia.

As senhoritas têm direito ao uso desta sala de visitas.—É? Não sabíamos.

As senhoras têm direito ao uso desta cozinha.—É? Não sabíamos.

Muito obrigada por suas informações.—De nada, senhorita.

Many thanks for the information. Not at all, miss.

Muito obrigada pelos bilhetes.—De nada, senhoras.

Muito obrigada pelo uso de seu telefone.—De nada, senhora.

Muito obrigado pelo café.—De nada, senhores.

Muito obrigado pelo convite.—De nada, senhor.

Adeus, João. Boa viagem.

Good-bye, John. Have a pleasant journey.

Adeus, Maria. Boa viagem.

Adeus, Carlos e Maria. Boa viagem.

Adeus, Paulo. Boa viagem.

Adeus, José. Boa viagem.

O que o senhor deseja?—Desejo um carregador para tomar conta de minhas malas?

What do you want? I want a porter to take care of my bags.

O que João deseja?—Deseja um carregador para tomar conta de suas malas.

O que seu espôso deseja?—Deseja um carregador para tomar conta de nossas malas.

O que seu amigo deseja?—Deseja um carregador para tomar conta destas malas.

O que sua irmã deseja?—Deseja um carregador para tomar conta de tôdas aquelas malas.

Você quer tomar um taxi?—Não, senhor, quero tomar o ônibus.

Do you want to take a taxi? No, sir, I want to take the bus.

João quer tomar um taxi?—Não, senhor, êle também quer tomar o ônibus.

Maria quer tomar o ônibus?—Não, senhor, quer tomar um taxi.
Vocês querem tomar o ônibus?—Não, senhor, nós também queremos tomar um taxi.
Carlos quer tomar o ônibus?—Sim, êle quer tomar o ônibus.

Se me permite . . . em que hotel a senhorita se hospedará?—Ainda não sei onde me hospedarei.
May I ask . . . in what hotel you are going to stop? I don't know yet where I am going to stop.
Se me permite . . . em que hotel as senhoras se hospedarão?—Ainda não sabemos onde nos hospedaremos.
Se me permite . . . em que hotel seu irmão se hospedará?—Ainda não sabe onde se hospedará.
Se me permite . . . em que hotel seus amigos se hospedarão?—Ainda não sabem onde se hospedarão.
Se me permite . . . em que hotel o senhor se hospedará?—Hospedar-me-ei no Hotel Santos.
Se me permitem . . . em que hotel os senhores se hospedarão?—Hospedar-nos-emos no Hotel Santos.

Você conhece meu primo?—Sim, conheço-o.
Do you know my cousin? Yes, I know him.
João conhece minha irmã?—Sim, conhece-a.
Maria conhece meu amigo José?—Sim, conhece-o.
Vocês conhecem esta cidade?—Sim, conhecemo-la bem.
Seus irmãos conhecem o Rio?—Sim, conhecem-no bem.
Seus irmãos conhecem Nova York?—Não, não a conhecem bem.

Você sabe o nome desta rua?—Não, não o sei.
Do you know the name of this street? No, I don't know it.
João sabe o nome dêste hotel?—Não, não o sabe.
Vocês sabem o nome dêste restaurante?—Não, não o sabemos.
Vocês sabem o número desta casa?—Sim, sabemo-lo.
Seus amigos sabem o nome dêste teatro.—Não, não o sabem.
Seus amigos sabem o nome daquele senhor?—Sim, sabem-no.
Carlos sabe o número de seu quarto?—Sabe, sim.

João se hospedará no Hotel Mineiro?—Sim, senhor, hospedar-se-á no Hotel Mineiro.
Is John going to stop at the Hotel Mineiro? Yes, sir, he is going to stop at the Hotel Mineiro.
A senhorita se hospedará no Hotel Santos?—Sim, senhor, hospedar-me-ei no Hotel Santos.
Carlos e José se hospedarão neste hotel?—Sim, senhor, hospedar-se-ão neste hotel.
Vocês se hospedarão no Hotel Brasil?—Sim, senhor, hospedar-nos-emos no Hotel Brasil.
Maria se hospedará nesta pensão?—Não, senhor, não se hospedará nesta pensão.

Você se lembrará da hora do trem?—Sim, lembrar-me-ei da hora do trem (or **Sim, eu me lembrarei da hora do trem**).

Will you remember the time of the train? Yes, I shall remember the time of the train.

Vocês se lembrarão dos amigos do Rio?—Sim, lembrar-nos-emos dos amigos do Rio.
Esquecer-se-á do nome da rua.
Encontrar-nos-emos na entrada da estação.
Não nos esqueceremos do número da casa.
Encontrar-se-ão no carro-restaurante.
Ver-nos-emos na escola todos os dias.

Em que restaurante você deseja comer?—Não tenho um de preferência.

In what restaurant do you want to eat? I don't have any preference.

Em que escola você deseja ensinar?—Não tenho uma de preferência.
Em que pensão João deseja morar?—Não tem uma de preferência.
Em que hotel José deseja hospedar-se?—Não tem um de preferência.
Em que universidade Carlos deseja estudar?—Não tem uma de preferência.

Onde está o Hotel Santos?—Está longe do centro.

Where is the Hotel Santos? It is far from the center of the city.

Onde está o Hotel Mineiro?—Está longe da universidade.
Onde está a biblioteca?—Está perto de minha casa.
Onde está a Pensão Espanhola?—Está perto de meu apartamento.
Onde está a universidade?—Está perto do Hotel Santos.
Onde está a livraría?—Está longe da estação.

João poderá recomendar-me um bom hotel?—Poderá, sim.

Will John be able to recommend a good hotel to me? Yes, he will.

Maria poderá recomendar-nos um bom restaurante?—Poderá, sim.
Você poderá recomendar-nos uma boa pensão?—Poderei, sim.
Vocês poderão recomendar-me uma boa livraria?—Poderemos, sim.
Olga poderá recomendar-me uma boa chapelaria?—Sim, poderá recomendar-lhe várias boas chapelarias.

Você já reservou quarto?—Sim, reservei-o por carta na semana passada.

Have you reserved a room? Yes, I have reserved it by mail last week.

João já reservou quarto?—Sim, reservou-o por carta no mês passado.
Vocês já reservaram quarto?—Sim, reservamo-lo por carta há duas semanas.
Maria já reservou quarto?—Sim, reservou-o por carta há três semanas.
Suas irmãs já reservaram quarto?—Sim, reservaram-no.

Quanto lhe devo?—O senhor me deve vinte cruzeiros.

How much do I owe you? You owe me twenty cruzeiros.

Quanto João lhe deve?—Deve-me dez cruzeiros.
Quanto Maria lhe deve?—Deve-me quinze cruzeiros.
Quanto meus amigos lhe devem?—Devem-me quatorze cruzeiros.
Quanto nós lhe devemos?—Vocês não me devem nada.

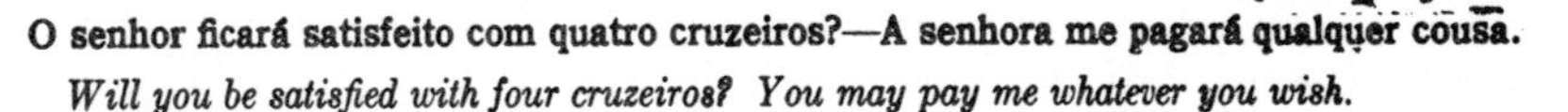

O senhor ficará satisfeito com quatro cruzeiros?—A senhora me pagará qualquer cousa.

Will you be satisfied with four cruzeiros? You may pay me whatever you wish.

A senhorita ficará satisfeita com cinco cruzeiros?—O senhor me pagará qualquer cousa.
Os senhores ficarão satisfeitos com dez cruzeiros?—A senhora nos pagará qualquer cousa.
As senhoritas ficarão satisfeitas com nove cruzeiros?—As senhoras nos pagarão qualquer cousa.
Seu irmão ficará satisfeito com onze cruzeiros?—O senhor lhe pagará qualquer cousa.

Às suas ordens! A senhorita deseja alguma cousa?—Sim, por favor, desejo um quarto para esta noite.

At your service! Do you want something? Yes, please, I want a room for tonight.

Às suas ordens! Os senhores desejam alguma cousa?—Sim, por favor, desejamos dois quartos para a semana.
Às suas ordens! As senhoritas desejam alguma cousa?—Sim, por favor, desejamos um quarto com banheiro para esta noite.
À suas ordens! A senhora deseja alguma cousa?—Sim, por favor, desejo um carregador.
Às suas ordens! O senhor deseja alguma cousa?—Sim, por favor, desejo usar o telefone.

Qual é seu nome?—Meu nome é Olga.

What is you name? My name is Olga.

Qual é o nome de sua irmã?—Seu nome é Maria.
Qual é o nome de seu amigo?—Seu nome é Paulo.
Qual é o nome de seu primo?—Seu nome é Carlos.
Qual é o nome de seu irmão?—Seu nome é José.

Você não tem quarto vago para esta noite?—Não, senhorita, não tenho.—Por favor, arranje-me um.

Don't you have a vacant room for tonight? No, miss, I don't. Please try to have one for me.

Você não tem dois bilhetes para a sessão desta noite?—Não, senhor, não tenho.—Por favor, arranje-me dois.
Você não tem assentos reservados no trem das sete?—Não, senhora, não tenho.—Por favor, arranje-me dois.

Você não tem um apartamento vago?—Não, senhoritas, não tenho.—Por favor, arranje-nos um.
Você não tem bilhetes de primeira classe no trem das cinco?—Não, senhor, não tenho.—Por favor, arranje-me um.

Estou enganado. O quarto tem banheiro.

I was wrong. The room has a bathroom.

O porteiro está enganado. O quarto tem telefone.
João está enganado. A casa tem jardim.
Nós estamos enganados. O hotel tem restaurante.
Vocês estão enganados. O apartamento tem sala de jantar.

Quanto deverei pagar pelo quarto?—Quinze cruzeiros a diária, sem refeições.—Que bom! Ficarei com êle.

How much shall I have to pay for the room? Fifteen cruzeiros a day without meals. Fine! I'll take it.

Quanto nós deveremos pagar pelo quarto?—Trinta cruzeiros a diária, com refeições.—Que bom! Ficaremos com êle.
Quanto deverei pagar pelo bilhete?—Dez cruzeiros.—Que bom! Ficarei com êle.
Quanto deverei pagar pelo chapéu?—Vinte e cinco cruzeiros.—Que bom! Ficarei com êle.
Quanto deverei pagar pelo relógio?—Mil cruzeiros.—Que bom! Ficarei com êle.

Há telefone em seu quarto?—Não, mas me transmitirão qualquer recado.

Is there a telephone in your room? No, but they will send me any message.

Há telefone em meu quarto?—Não, mas lhe transmitiremos qualquer recado.
Há telefone em nosso quarto?—Não, mas lhes transmitirei qualquer recado.
Há telefone no quarto de João?—Não, mas seu irmão lhe transmitirá qualquer recado.
Há telefone no quarto de sua irmã?—Não, mas o porteiro lhe transmitirá quaisquer recados.

Eu posso falar no aparelho que há no andar?—Pode, sim.

May I use the phone on the floor? Yes, you may.

Nós podemos falar no aparelho que há no andar?—Podem, sim.
João pode falar no aparelho que há no andar?—Pode, sim.
Maria pode falar no aparelho que há no andar?—Pode, sim.
Vocês podem falar no aparelho que há no andar?—Podemos, sim.

Quanto custarão as refeições?—Quatro cruzeiros o café da manhã e dez cruzeiros o jantar.

How much will the meals be? Four cruzeiros for breakfast and ten cruzeiros for dinner.

Quanto custarão os bilhetes?—Vinte cruzeiros o bilhete de segunda classe e trinta cruzeiros o bilhete de primeira classe.

Quanto custarão êstes dois livros?—Dez cruzeiros o livro de espanhol, e onze cruzeiros o livro de francês.
Quanto custarão êstes chapéus?—Vinte e cinco cruzeiros o chapéu vermelho e vinte cruzeiros o chapéu preto.
Quanto custará um quarto neste hotel?—Vinte cruzeiros um quarto grande e quinze cruzeiros um quarto pequeno.

Onde o senhor vai?—Vou telefonar enquanto o senhor manda preparar o quarto.

Where are you going? I am going to telephone while you're having the room prepared.

Onde José vai?—Vai telefonar enquanto a senhora manda preparar o jantar.
Onde João vai?—Vai telefonar enquanto a senhorita manda preparar o almôço.
Onde Maria vai?—Vai telefonar enquanto você manda preparar o café da manhã.
Onde Olga vai?—Vai telefonar enquanto você manda trocar sua nota.

Onde está a cabine do telefone?—Está a seu lado esquerdo.—Obrigado. Voltarei já.

Where is the telephone booth? It is to your left. Thanks. I'll be right back.

Onde está a cabine do telefone?—Está a seu lado direito.—Obrigada. Voltarei já.
Onde está a cozinha?—Está a seu lado esquerdo.—Obrigada. Voltarei já.
Onde está o jardim?—Está a seu lado direito?—Obrigado. Voltaremos já.
Onde está a sala de visitas?—Está a seu lado esquerdo.—Obrigado. Voltarei já.

Lição X (décima)

Na barbearia	*In the barbershop*
FREGUÊS	CUSTOMER
Boa tarde, senhora. Onde está o senhor Araújo?	Good afternoon, madame. Where is Mr. Araújo?
MANICURA	MANICURIST
Foi almoçar. Mas temos outros barbeiros desocupados.	He went out to lunch. But we have other barbers that are free.
FREGUÊS	CUSTOMER
Não, obrigado. Gosto de fazer minha barba sòmente com o senhor Araújo.	No, thanks. I like to be shaved only by Mr. Araújo.
MANICURA	MANICURIST
Sinto[130] que êle não esteja[169, 175] aquí. Mas é[144] possível que volte[164, 179] logo.	I am sorry that he isn't here. But it is possible that he will be right back.
FREGUÊS	CUSTOMER
Creio[132] que o esperarei, pois quero[132] que êle também me corte[164, 173] o cabelo. Ademais, hoje não é necessário que eu chegue[166, 179] ao escritório antes das duas.	I think I'll wait for him, for I want him to cut my hair too. Furthermore, I don't have to get back to the office today before two o'clock.
MANICURA	MANICURIST
Não quer[132] fazer as suas unhas, enquanto espera[190] o senhor Araújo?	Don't you want to have your nails done while you are waiting for Mr. Araújo?
FREGUÊS	CUSTOMER
Boa idéia! Minhas unhas estão[140] enormes.	Fine idea! My nails are terribly long.
MANICURA	MANICURIST
Então, sente-se[134] aquí, por favor. E vamos[221] aproveitar o tempo.	Sit here then, please. And let's take advantage of the time.
FREGUÊS	CUSTOMER
Ai! Não corte[134] assim rente as minhas unhas.	Ouch! Don't cut my nails so close.
MANICURA	MANICURIST
Desculpe-me.[134] Espero que não o tenha[176, 186] ferido.	Excuse me. I hope that I didn't hurt you.

FREGUÊS

O senhor Araújo está demorando. Duvido que êle venha[168, 174] antes que a senhora acabe[164, 180] seu trabalho.

CUSTOMER

Mr. Araújo is late getting back. I doubt that he will come before you finish your work.

MANICURA

Sugiro-lhe[130] que experimente[164, 177] hoje outro dos barbeiros da casa.

MANICURIST

I suggest that you try another one of our barbers today.

FREGUÊS

Então, indique-me[135] um.

CUSTOMER

All right, pick one out for me.

MANICURA

O senhor Lemos, por exemplo.

MANICURIST

Mr. Lemos, for example.

FREGUÊS

Aceito sua sugestão. A propósito, ja que falamos em corte de cabelo: depois de amanhã, minha espôsa virá aquí para fazer as unhas, cortar um pouco o cabelo, fazer uma ondulação permanente e uma massagem no rosto. Tudo no mesmo dia. Imagine![134] Deseja remodelar-se completamente. É[144] possível que se marque[165, 179] desde já uma hora para ela ser[200] atendida? Às duas horas, por exemplo?

CUSTOMER

I accept your suggestion. By the way, since we are talking about hair-cutting: the day after tomorrow my wife will come here to have her nails done, have her hair cut a little and get a permanent wave and a facial. All on the same day. Imagine! She wants to remodel herself completely. Is it possible to set a time right now for her to be waited on? At two o'clock, for example?

MANICURA

Perfeitamente. Diga-lhe[136] que a esperaremos. Será[146] atendida assim que chegue,[166, 180] porque depois de amanhã, quarta-feira, não teremos muito movimento na casa. Suas unhas estão prontas.

MANICURIST

Fine! Tell her that we shall expect her. She will be waited on as soon as she arrives, for the day after tomorrow, Wednesday, we shan't have much activity in the shop. Your nails are finished.

FREGUÊS

E muito bem feitas![208] Quanto lhe devo?[210]

CUSTOMER

And a very good job too! How much do I owe you?

MANICURA

É[144] preferível que o senhor pague[166, 179] na caixa.

MANICURIST

It is preferable for you to pay at the cashier's desk.

FREGUÊS

Está bem. Aquí tem[226] sua gorgeta.

CUSTOMER

All right. Here is your tip.

MANICURA

Obrigada, senhor Melo. Vou chamar o senhor Lemos.

MANICURIST

Thank you, Mr. Melo. I am going to call Mr. Lemos.

BARBEIRO

Boa tarde, senhor. A manicura disse-me que 50 o senhor deseja os meus serviços. Então, sente-se[134] naquela cadeira, por favor.

BARBER

Good afternoon, sir. The manicurist told me that you wish my services. Please take that chair, then.

FREGUÊS

Em primeiro lugar, apare[134] meu cabelo; não o corte[134] muito baixo.

CUSTOMER

First, trim my hair; and don't cut it too short.

BARBEIRO

Perfeitamente. Uma revista para distrair-se 55 enquanto trabalho.[190]

BARBER

Exactly. Here is a magazine for you to pass the time while I am at work.

FREGUÊS

Boa idéia. Obrigado.

CUSTOMER

Fine idea. Thanks.

BARBEIRO

Permite-me que ponha[168, 178] uma loção ou brilhantina em seu cabelo?

BARBER

Will you let me put a lotion or some brilliantine on your hair?

FREGUÊS

Não; prefiro[130] não usar nada.

CUSTOMER

No; I prefer to use nothing.

BARBEIRO

60 Vejo[132] que o senhor deseja que lhe faça[168, 173] a barba também.

BARBER

I see that you want me to shave you too.

FREGUÊS

Mas com cuidado, pois tenho uma pele muito delicada.

CUSTOMER

Yes, be careful for I have very delicate skin.

BARBEIRO

Não tenha[136, 224] receio. Antes, farei[161] uma 65 massagem com creme em seu rosto, passarei uma toalha quente, e sua barba ficará macia, fácil de[197] cortar-se.

BARBER

Don't be afraid. First, I will massage your face with cream, put a hot towel on, and your beard will be soft and easy to shave.

FREGUÊS

Sua navalha está ótima,[80] muito bem amolada.

CUSTOMER

Your razor is excellent, it is very sharp.

BARBEIRO	BARBER
70 É. Esta navalha tem um corte excelente. Com ela posso[132] cortar a barba mais dura, sem que o freguês sinta[168, 183] dor.	It is. This razor has a fine edge. I can shave the roughest beard without the customer feeling any sting.

Exercises

Boa tarde, senhor. Onde está Maria?—Foi almoçar, mas creio que voltará logo.

Good afternoon, sir. Where is Mary? She went to lunch, but I think she'll be right back.

Boa tarde, senhorita. Onde está Paulo?—Foi almoçar, mas creio que voltará logo.

Boa tarde, senhora. Onde está seu amigo?—Foi jantar, mas creio que voltará dentro de vinte minutos.

Boa tarde, José. Onde estão suas irmãs?—Foram ao mercado, mas creio que voltarão dentro de quinze minutos.

Boa tarde, Carlos. Onde está o senhor Lemos?—Foi à cidade, mas creio que voltará hoje.

Por que você não experimenta um dos barbeiros desocupados?—Boa idéia! Aceito sua sugestão.

Why don't you try one of the barbers who is free? Good idea! I accept your suggestion.

Por que você não experimenta uma das manicuras desocupadas?—Boa idéia! Aceito sua sugestão.

Por que a senhora não experimenta uma massagem no rosto?—Boa idéia! Aceito sua sugestão.

Por que vocês não experimentam creme em seu rosto?—Boa idéia! Aceitamos sua sugestão.

Por que o senhor não experimenta uma loção ou brilhantina em seu cabelo?—Boa idéia! Aceito sua sugestão.

Quem vai fazer minha barba?—Hoje o senhor Araújo vai fazer sua barba.

Who is going to shave me?—Mr. Araújo is going to shave you today.

Quem vai fazer as minhas unhas?—Hoje a senhora Mendes vai fazer as suas unhas.

Quem vai fazer minha ondulação permanente?—Hoje a senhora Oliveira vai fazer sua ondulação permanente.

Quem vai fazer minha massagem?—Hoje a senhorita Lemos vai fazer sua massagem.

Quem vai cortar meu cabelo?—Hoje o senhor Lemos vai cortar seu cabelo.

Com quem você quer fazer a barba?—Quero fazer a barba sòmente com o senhor Araújo. Vá chamá-lo, por favor.

By whom do you wish to be shaved? I wish to be shaved only by Mr. Araújo. Please go and call him.

Com quem você quer fazer as unhas?—Quero fazer as unhas sòmente com a senhora Mendes. Vá chamá-la, por favor.

Com quem você quer fazer sua ondulação permanente?—Quero fazer minha ondulação permanente sòmente com a senhora Oliveira. Vá chamá-la, por favor.

Com quem você quer fazer sua massagem no rosto?—Quero fazer minha massagem no rosto sòmente com a senhorita Oliveira. Vá chamá-la, por favor.

Com quem você quer cortar o cabelo?—Quero cortar o cabelo sòmente com o senhor Lemos. Vá chamá-lo, por favor.

Você quer ir ao teatro?—Não, senhor, sinto que hoje não possa ir ao teatro.

Do you wish to go to the theater? No, sir, I am sorry that I cannot go today.

João quer ir ao teatro?—Não, senhor, sente que hoje não possa ir ao teatro.

Vocês querem ir ao teatro?—Não, senhor, sentimos que hoje não possamos ir ao teatro.

Seus irmãos querem ir ao teatro?—Não, senhor, sentem que hoje não possam ir ao teatro.

Maria quer ir ao teatro?—Não, senhor, sente que hoje não possa ir ao teatro.

Sinto que você não possa ir ao teatro comigo.

I am sorry that you cannot go to the theater with me.

Sinto que vocês não possam ir ao teatro comigo.

Sinto que sua irmã não possa ir ao teatro comigo.

João sente que nós não possamos ir ao teatro com êle.

Maria sente que o senhor não possa ir ao teatro com ela.

João vem a sua casa esta noite?—É possível que venha, mas ainda não estou certo.

Is John coming to your house tonight? It is possible that he will come, but I am not yet sure.

Maria vem a sua casa esta noite?—É possível que venha, mas ainda não estou certo.

José e seu irmão vêm a sua casa esta tarde?—É possível que venham, mas ainda não estou certa.

Você vem a minha casa às oito?—É possível que venha, mas ainda não estou certo.

Vocês vêm a minha casa esta tarde?—É possível que venhamos, mas ainda não estamos certos.

Você precisa de sair agora?—Não, hoje não é necessário que eu chegue ao escritório antes das duas.

Do you have to leave now? No, today I don't have to be back at the office before two o'clock.

João precisa de sair agora?—Não, hoje não é necessário que êle chegue ao escritório antes das três.

Seus amigos precisam de sair agora?—Não, hoje não é necessário que êles cheguem ao escritório antes da uma.

Vocês precisam de sair agora?—Não, hoje não é necessário que cheguemos ao escritório antes das dez.

Carlos precisa de sair agora?—Não, hoje não é necessário que chegue ao hotel antes das nove.

O que você quer que eu lhe compre?—Quero que me compre um jornal português.

What do you want me to buy you? I want you to buy me a Portuguese newspaper.

O que você quer que nós lhe compremos?—Quero que me comprem um dicionário.

O que vocês querem que êles lhes comprem?—Queremos que nos comprem um livro de alemão.

O que Maria quer que João lhe compre?—Quer que lhe compre um par de meias.

O que sua mãe quer que você lhe compre?—Quer que eu lhe compre cinco metros de fazenda preta.

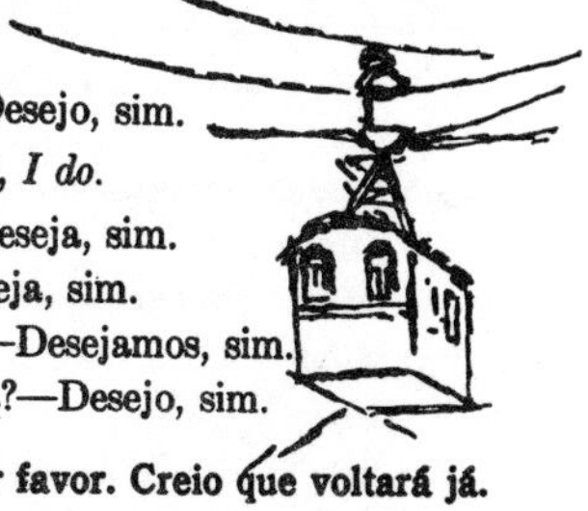

Você deseja uma revista para distrair-se enquanto espera?—Desejo, sim.

Do you want a magazine to pass the time while you wait? Yes, I do.

João deseja uma revista para distrair-se enquanto espera?—Deseja, sim.

Maria deseja um livro para distrair-se enquanto espera?—Deseja, sim.

Vocês desejam um jornal para distrair-se enquanto esperam?—Desejamos, sim.

A senhorita deseja um jornal para distrair-se enquanto espera?—Desejo, sim.

Quero falar com o senhor Oliveira?—Então, sente-se aquí, por favor. Creio que voltará já.

I wish to speak with Mr. Oliveira. Sit here, then, please. I think he'll be right back.

Quero falar com o professor.—Então, sente-se aquí, por favor. Creio que voltará logo.

Queremos falar com o senhor Araújo.—Então, sentem-se aquí, por favor. Creio que voltará dentro de cinco minutos.

Quero falar com João, senhora.—Então, sente-se naquela cadeira, por favor. Creio que voltará dentro de dez minutos.

Queremos falar com seu irmão.—Então, sentem-se aquí, por favor. Creio que voltará já.

A que horas João voltará?—Não voltará até as dez.—Vamos aproveitar o tempo enquanto o esperamos.

What time will John be back? He won't be back until ten o'clock. Let's take advantage of the time while we wait for him.

A que horas Maria voltará?—Não voltará até as cinco.—Vamos aproveitar o tempo enquanto a esperamos.

A que horas seu professor voltará?—Não voltará até as duas.—Vamos aproveitar o tempo enquanto o esperamos.

A que horas Carlos voltará?—Não voltará até as doze.—Vamos aproveitar o tempo enquanto o esperamos.

A que horas José voltará?—Não voltará até as três.—Vamos aproveitar o tempo enquanto o esperamos.

Ai! Não corte assim rente as minhas unhas.—Desculpe-me, senhor. Espero que não o tenha ferido.

Ouch! Don't cut my nails so close. Excuse me. I hope I didn't hurt you.

Ai! Não corte assim rente a minha barba.—Desculpe-me, senhor. Espero que não o tenha ferido.

Ai! Não corte meu rosto.—Desculpe-me, senhor. Espero que não o tenha ferido.

Ai! Não corte minha pele.—Desculpe-me, senhor. Espero que não o tenha ferido.

Ai! Não me corte.—Desculpe-me, senhor. Espero que não o tenha ferido.

Onde está seu bilhete, José?—Não sei, senhor. Espero que não o tenha deixado em casa.

Where is your ticket, Joseph? I don't know, sir. I hope I haven't left it at home.

Onde está a carne para o jantar?—Não sei, senhora. Espero que não a tenha deixado no ônibus.

Onde está seu guarda-chuva, Carlos?—Não sei, mamãe. Espero que não o tenha deixado no restaurante.

Onde está o jornal, Paulo?—Não sei, papai. Espero que não o tenha deixado no taxi.

Onde está seu livro, João?—Não sei, senhor. Espero que não o tenha deixado no hotel.

O senhor Oliveira está demorando, não é?—É. Já é meio-dia.

Mr. Oliveira is late getting back, isn't he? Yes, he is. It is already twelve o'clock.

O senhor Araújo está demorando, não é?—É. Já são cinco.

A senhora Mendes está demorando, não é?—É. Já são oito.

Maria e João estão demorando, não é?—É. Já são três.

O professor está demorando, não é?—Não, senhor. São sòmente oito e meia.

João fala português?—Fala espanhol, mas duvido que fale português.

Does John speak Portuguese? He speaks Spanish, but I doubt that he speaks Portuguese.

Maria fala francês?—Fala inglês, mas duvido que fale francês.

Seus irmãos falam inglês.—Falam alemão, mas duvido que falem inglês.

José fala alemão e espanhol?—Fala alemão, mas duvido que fale espanhol.

Você fala bem o português?—Falo bem o espanhol, mas duvido que fale bem o português.

Você quer ver-me antes que eu parta?—Quero, sim.

Do you want to see me before I leave? Yes, I do.

João quer ver-nos antes que partamos?—Quer, sim.

Maria quer ver João antes que êle parta?—Quer, sim.

Vocês querem ver estas moças antes que partam?—Queremos, sim.

Olga quer ver o professor antes que êle parta?—Quer, sim.

O que João sugere?—Sugere que eu aprenda português.

What does John suggest? He suggests that I learn Portuguese.

O que Maria sugere?—Sugere que você aprenda espanhol.
O que Carlos sugere?—Sugere que suas irmãs aprendam alemão.
O que seus amigos sugerem?—Sugerem que nós aprendamos francês.
O que você sugere?—Eu sugiro que vocês aprendam italiano.
O que vocês sugerem?—Nós sugerimos que nossos alunos aprendam inglês.

Como posso aprender a falar português?—Sugiro-lhe que vá ao Rio para aprender a falá-lo bem.

How can I learn to speak Portuguese? I suggest that you go to Rio to learn to speak it well.

Como podemos aprender a falar francês?—Sugiro-lhes que vão a París para aprender a falá-lo bem.
Como vocês podem aprender a falar italiano?—Nossos professores nos sugerem que vamos a Roma para aprender a falá-lo bem.
Como João e José podem aprender a falar inglês?—Seu professor lhes sugere que vão a Londres para aprender a falá-lo bem.
Como Maria pode aprender a falar alemão?—Sugerimos-lhe que vá a escola todos os dias para aprender a falá-lo bem.

Você pretende ficar nesta cidade?—Sim, senhor, indique-me um bom hotel, por favor.

Do you intend to stay in this city? Yes, sir, please pick out a good hotel for me.

Você pretende comprar uma casa em París?—Sim, senhores, indiquem-me uma casa grande, por favor.
Vocês pretendem aprender português?—Sim, senhor, indique-nos um bom professor, por favor.
Vocês pretendem comprar muitos livros?—Sim, senhor, indique-nos uma boa livraria, por favor.
Você pretende tomar tôdas as refeições em um restaurante?—Sim, senhor, indique-me um bom restaurante, por favor.

Em que você falava?—Falava em corte de cabelo.

What were you talking about? I was talking about hair-cutting.

Em que Maria falava?—Falava em livros de português.
Em que João falava?—Falava em seu trabalho.
Em quem vocês falavam?—Falávamos em nosso professor.
Em quem seu pai falava?—Falava em mim.

Maria deseja também uma massagem?—Sim. Imagine! Deseja remodelar-se completamente.

Does Mary want a massage too? Yes. Imagine! She wants to remodel herself completely.

Sua espôsa deseja também uma ondulação permanente?—Sim. Imagine! Deseja remodelar-se completamente.

Olga deseja também um corte de cabelo?—Sim. Imagine! Deseja remodelar-se completamente.

Sua irmã deseja também um vestido novo?—Sim. Imagine! Deseja remodelar-se completamente.

Sua mãe deseja também um chapéu novo?—Sim. Imagine! Deseja remodelar-se completamente.

É possível que se marque desde já uma hora para minha espôsa ser atendida?—Amanhã às quatro, por exemplo?—Perfeitamente.

Is it possible to set a time right now for my wife to be waited on? Tomorrow at four, for example? Fine.

É possível que se marque desde já uma hora para meu marido ser atendido?—Sexta-feira às três, por exemplo?—Perfeitamente.

É possível que se marque desde já uma hora para meus irmãos serem atendidos?—Quarta-feira às duas, por exemplo?—Perfeitamente.

É possível que se marque desde já uma hora para sermos atendidos?—Esta tarde às cinco, por exemplo?—Perfeitamente.

É possível que se marque desde já uma hora para eu ser atendida?—Segunda-feira às onze, por exemplo?—Perfeitamente.

A que horas você virá aquí?—Virei assim que esteja pronta.

What time will you come here? I'll come as soon as I am ready.

A que horas Maria virá aquí?—Virá assim que esteja pronta.

A que horas João virá ao hotel?—Virá assim que esteja pronto.

A que horas vocês virão à casa de Maria?—Viremos assim que estejamos prontos.

A que horas suas irmãs virão aquí?—Virão assim que estejam prontas.

Suas unhas estão prontas, senhor.—E muito bem feitas! Aquí tem sua gorgeta.

Your nails are finished, sir. And a very good job, too! Here is your tip.

As unhas de João estão prontas, senhora.—E muito bem feitas! Aquí tem sua gorgeta.

Seu corte de cabelo está pronto, senhor.—E muito bem feito! Aquí tem sua gorgeta.

Sua ondulação permanente está pronta, senhora.—E muito bem feita! Aquí tem sua gorgeta.

Sua massagem no rosto está pronta, senhora.—E muito bem feita! Aquí tem sua gorgeta.

Você quer que eu lhe pague agora?—Não, é preferível que você pague na caixa.

Do you want me to pay you now? No, it is preferable for you to pay at the cashier's desk.

Você quer que nós lhe paguemos agora?—Não, é preferível que vocês paguem na caixa.
Vocês querem que eu lhes pague agora?—Não, é preferível que você pague na caixa.
O barbeiro quer que João lhe pague agora?—Não, é preferível que êle pague na caixa.
A manicura quer que Maria lhe pague agora?—Não, é preferível que todos os fregueses paguem na caixa.

Você deseja os meus serviços?—Sim, por favor, quero que me faça as unhas, porque estão enormes.

Do you wish my services? Yes, please. I want you to do my nails because they are terribly long.

Você deseja os meus serviços?—Sim, por favor, quero que me faça a barba e me apare um pouco o cabelo.
Vocês desejam os meus serviços?—Sim, por favor, queremos que nos corte o cabelo.
A senhora deseja os meus serviços?—Sim, por favor, quero que me faça uma massagem no rosto.
Seus amigos desejam os meus serviços?—Sim, por favor, querem que lhes faça a barba.
O senhor deseja os meus serviços?—Eu não, mas minha espôsa quer que lhe faça uma ondulação permanente.

Permite-me que ponha creme em seu rosto?—Não, senhor, prefiro que você não ponha nada em meu rosto.

Will you let me put cream on your face? No, sir, I prefer that you put nothing on my face.

Permite-nos que ponhamos estas cadeiras no jardim?—Não, senhores, prefiro que não as ponham no jardim.
A senhorita me permite que ponha minhas malas neste lugar?—Não, senhor, prefiro que você não ponha nada neste lugar.
O senhor me permite que ponha uma loção em seu cabelo?—Não, senhor, prefiro que não ponha nada em meu cabelo.
Vocês me permitem que ponha brilhantina em seu cabelo?—Não, senhor, preferimos que não ponha nada em nosso cabelo.

Você não deseja estudar espanhol?—Não, senhor, prefiro estudar português.

Don't you want to study Spanish? No, sir, I prefer to study Portuguese.

Você não deseja estudar alemão?—Não, senhor, prefiro estudar espanhol.
Vocês não desejam estudar francês?—Não, senhor, preferimos estudar alemão.
João não deseja estudar inglês?—Não, senhor, prefere estudar francês.
Seus irmãos não desejam estudar alemão?—Não, senhor, preferem estudar português.

Por que você não pode ir para Londres?—Em primeiro lugar, minha mãe deseja que eu fique aquí, e em segundo lugar, não tenho dinheiro.

Why can't you go to London? In the first place, my mother wants me to stay here, and in the second place, I don't have the money.

Por que João não pode ir para o Rio?—Em primeiro lugar, seu pai deseja que êle fique aquí, e em segundo lugar, não tem dinheiro.
Por que vocês não podem ir para São Paulo?—Em primeiro lugar, nossos amigos desejam que fiquemos aquí, e em segundo lugar, não temos dinheiro.
Por que Olga e Maria não podem ir para Roma?—Em primeiro lugar, seus amigos desejam que fiquem aquí, e em segundo lugar, não têm dinheiro.
Por que sua irmã não pode ir para París?—Em primeiro lugar, eu desejo que ela fique aquí, e em segundo lugar, não tem dinheiro.

Com cuidado, senhor, pois tenho uma pele muito delicada.—Não tenha receio.

Be careful, sir, for I have very delicate skin. Don't be afraid.

Com cuidado, senhor, pois meu marido tem uma pele muito delicada.—Não tenha receio.
Com cuidado, senhor, pois tenho uma barba muito dura.—Não tenha receio.
Com cuidado, senhor, pois tenho uma pele muito macia.—Não tenha receio.
Com cuidado, senhora, pois tenho as unhas muito curtas.—Não tenha receio.
Com cuidado, senhor, tenho pouco cabelo agora.—Não tenha receio. Sòmente vou apará-lo.

Quando você fará as minhas unhas?—Farei as suas unhas assim que possa.

When will you do my nails? I'll do your nails as soon as I can.

Quando vocês farão as nossas unhas?—Faremos as suas unhas assim que possamos.
Quando a manicura fará as minhas unhas?—Fará as suas unhas assim que possa.
Quando as moças farão as nossas unhas?—Farão as suas unhas assim que possam.
Quando Maria fará as minhas unhas?—Fará as suas unhas assim que possa.

Quando você me trará o jornal?—Eu lhe trarei o jornal às quatro.

When will you bring me the newspaper? I'll bring the newspaper at four o'clock.

Quando João me trará o relógio?—Êle lhe trará o relógio às três.
Quando vocês me trarão o livro?—Nós lhe traremos o livro às oito.
Quando o rapaz trará os pães?—Trará os pães às sete.
Quando seus amigos trarão o dicionário?—Trarão o dicionário às nove.

O que você dirá ao professor?—Eu lhe direi a verdade.

What will you tell the professor? I'll tell him the truth.

O que Maria dirá à senhora Oliveira?—Ela lhe dirá a verdade.
O que vocês dirão ao papai?—Nós lhe diremos a verdade.

O que os alunos dirão ao professor?—Êles lhe dirão a verdade.
O que Olga dirá a sua mãe?—Ela lhe dirá a verdade.

Você tem uma boa navalha?—Sim, senhor, minha navalha está ótima.

Do you have a good razor? Yes, sir, my razor is excellent.

Seu barbeiro tem uma boa navalha?—Sim, senhor. Tôdas as suas navalhas estão ótimas.
Os barbeiros têm boas navalhas?—Sim, senhor. Suas navalhas estão ótimas.
Você tem uma boa navalha?—Sim, senhor, minha navalha está bem amolada.
Você tem uma boa navalha?—Sim, senhor, minha navalha tem um corte excelente.

Por que a senhorita usa creme em minhas unhas?—Porque desta maneira suas unhas ficarão fáceis de cortar-se.

Why do you use cream on my nails? Because in this way your nails will be easy to cut.

Por que o senhor passa esta toalha em meu rosto?—Porque desta maneira sua barba ficará fácil de cortar-se.
Por que o senhor usa creme em meu rosto?—Porque desta maneira sua barba ficará fácil de cortar-se.
Por que a senhorita usa brilhantina em meu cabelo?—Porque desta maneira seu cabelo ficará mais bonito.
Por que o senhor usa loção em minha barba?—Porque desta maneira sua barba ficará fácil de fazer-se.

Por que o senhor deseja fazer a barba sòmente com o senhor Araújo?—Porque êle pode fazer a barba mais dura sem que o freguês sinta dor.

Why do you want to be shaved only by Mr. Araújo? Because he can shave the roughest beard without the customer feeling any sting.

Por que a senhorita deseja fazer uma massagem no rosto sòmente com a senhora Mendes?—Porque ela pode fazer uma massagem no rosto mais macio sem que o freguês sinta dor.
Por que a senhora deseja fazer as unhas sòmente com a senhorita Oliveira?—Porque ela pode fazer as unhas mais curtas sem que seus fregueses sintam dor.
Por que vocês desejam fazer suas unhas sòmente com a senhorita Mendes?—Porque ela pode fazer nossas unhas sem que sintamos dor.
Por que você quer fazer uma ondulação permanente sòmente com dona Maria.—Porque ela pode fazer uma ondulação permanente sem que o freguês sinta dor.

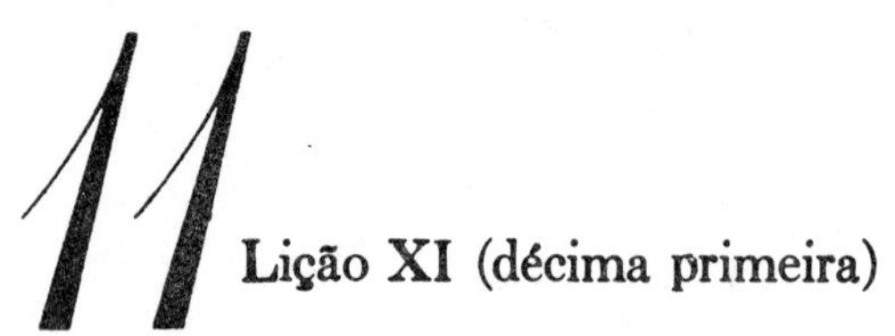

Lição XI (décima primeira)

FREGUESA	**CUSTOMER**
Quero[132] que o senhor me faça[168, 173] um costume de linho.	I want you to make me a linen suit.
ALFAIATE	**TAILOR**
Pois não! Prefere linho branco, cinza ou creme?	Why yes! Do you prefer white, gray or cream linen?
FREGUESA	**CUSTOMER**
5 Prefiro[130] branco, pois já tenho êste cinza que está comigo.	I prefer white, for I already have this gray one that I have on.
ALFAIATE	**TAILOR**
Êsse costume está-lhe muito bem assentado. Onde mandou[222] fazê-lo?	That suit is quite becoming. Where did you have it made?
FREGUESA	**CUSTOMER**
Não foi[146] feito sob medida; comprei-o em 10 uma loja de Campinas. Custou-me muito caro, mas não gosto dêle; está largo[79] e comprido.	It wasn't made to order; I bought it in a store at Campinas. It cost me a great deal but I don't like it; it is too full and long.
ALFAIATE	**TAILOR**
É verdade. Mais apertado e curto êle lhe ficará[226] melhor. Se quiser,[171, 188] poderei 15 apertá-lo e encurtá-lo.	That's true. Tighter and shorter it will look better on you. If you wish, I can take it in and shorten it.
FREGUESA	**CUSTOMER**
Depois que o senhor fizer[171, 189] o branco, trataremos disto.[85]	After you make the white one, we shall take this matter up.
ALFAIATE	**TAILOR**
Acabo[209] de receber peças de um ótimo[80] linho branco paulista. Aquí está uma 20 amostra.	I have just received some very good white linen from São Paulo. Here is a sample.
FREGUESA	**CUSTOMER**
Oh . . . muito bonito! Quanto me custará um costume feito[208] dêsse[85] linho?	Oh . . . how pretty! How much will a suit made of that linen cost me?
ALFAIATE	**TAILOR**
Nada mais que seiscentos cruzeiros.	Only six hundred cruzeiros.

FREGUESA

Está[140] caro![79] . . . Não faz[133] um abatimento?

CUSTOMER

That's too expensive! Won't you give me a reduction?

ALFAIATE

A pesar de a senhora e seu marido serem[200] meus fregueses antigos, não me é possível reduzir o preço, porque o linho anda[226] caríssimo.[80]

TAILOR

In spite of your and your husband's being old customers of mine it isn't possible for me to lower the price, because linen is very expensive now.

FREGUESA

Está bem; creio[132] que valerá a pena gastar seiscentos cruzeiros, pois o costume me durará muito.

CUSTOMER

All right: I think that it will be worthwhile to spend six hundred cruzeiros, for the suit will last me a long time.

ALFAIATE

Sim, êste linho dura tôda a vida. Quer que lhe tire[164, 173] agora as medidas?

TAILOR

Yes, this linen lasts a lifetime. Do you want me to take your measurements now?

FREGUESA

Mas o senhor já as tirou, quando fiz[151, 223] aquêle costume de casemira azul.

CUSTOMER

But you already took my measurements when I had that blue cashmere suit made.

ALFAIATE

Se fizer[171, 188] o costume com as medidas antigas, ficará largo.[79] Creio[132] que a senhora emagreceu um pouco.

TAILOR

If I make the suit with the old measurements, it will be too full. I believe that you have gotten a little thinner.

FREGUESA

Espero engordar durante nossa permanência na praia, quando meu marido entrar[171, 189] em férias.[61] Mas, tire novas medidas.

CUSTOMER

I expect to put on some weight during our stay at the seashore when my husband has his vacation. But take new measurements.

ALFAIATE

Quer mangas mais compridas[77] que essas?

TAILOR

Do you wish sleeves that are longer than those?

FREGUESA

Sim; um centímetro a mais.

CUSTOMER

Yes, a centimeter longer.

ALFAIATE

E a saia?

TAILOR

And the skirt?

FREGUESA

Mais curta, lisa atrás e na frente.

CUSTOMER

Shorter, plain in the back and front.

ALFAIATE

Não. Se pusermos[171, 188] uma prega atrás e outra na frente, ficará[226] muito melhor. Dou-lhe[133] um conselho: Quando fizer[171, 189, 223] costume de linho, nunca peça[136] saia completa-
50 mente lisa.

TAILOR

No. If we put a pleat in the back and another in the front, it will be much better. I am going to give you a piece of advice: when you have a linen suit made, never ask for an entirely plain skirt.

FREGUESA

Faça-se[168, 184] a vontade do profissional. Agora, sôbre os bolsos: quero quatro, dois em baixo e dois em cima.

CUSTOMER

Let the expert have his way. Now about the pockets: I want four, two below and two above.

ALFAIATE

Ficará[226] elegantíssimo,[80] principalmente se
55 pregarmos[171, 188] seis botões no paletó.

TAILOR

That will be very chic, especially if we sew six buttons on the coat.

FREGUESA

Mas quero[132] botões bem brancos e grandes.

CUSTOMER

But I want very large white buttons.

ALFAIATE

Quando a senhora vier[171, 189] fazer a primeira prova, na próxima semana, mostrar-lhe-ei[105] os botões que vou pregar; não os tenho no
60 momento. Deseja uma gola do mesmo talho daquele último costume que lhe fiz?[151]

TAILOR

When you come for your first fitting next week, I shall show you the buttons that I am going to use. I don't have them right now. Do you want a collar of the same cut as the last suit that I made for you?

FREGUESA

Sim, mas com uma casa na lapela.

CUSTOMER

Yes, but with a buttonhole in the lapel.

ALFAIATE

Se lhe der[171, 188] êste costume para o dia vinte, estará bem?

TAILOR

Will it be all right if I give you this suit by the twentieth?

FREGUESA

65 Contanto que não passe[181] nem um dia.

CUSTOMER

Provided it is not a day later.

ALFAIATE

Prometo-lhe. E seu espôso, quando aparecerá? Êle não quererá encomendar uns ternos para o verão?

TAILOR

I promise you. And your husband, when will he come in? Won't he want to order some summer suits?

FREGUESA

Êle acaba de comprar dois ternos claros.
70 Mas sei[225] que virá aquí logo que puder.[171, 189]

CUSTOMER

He has just bought two light (in color) suits. But I know that he will be here as soon as

Parece-me que deseja fazer[223] um smoking. A propósito: Que horas são?

he can. I think that he wants to have a tuxedo made. By the way, what time is it?

ALFAIATE

Acaba de bater seis horas.

TAILOR

It has just struck six.

FREGUESA

Vou-me embora. Se não sair[171, 188] agora, 75 perderei o ônibus. Boa noite!

CUSTOMER

I am going. If I don't leave now I shall miss the bus. Good-bye.

ALFAIATE

Boa noite!

TAILOR

Good evening.

Exercises

A senhorita prefere êste costume azul ou aquêle branco?—Prefiro êste azul.

Do you prefer this blue suit or that white one? I prefer this blue one.

A senhora prefere esta saia branca ou aquela azul?—Prefiro esta branca.
O senhor prefere êste terno cinza ou aquêle branco?—Prefiro êste cinza.
As senhoritas preferem êste linho branco ou aquêle creme?—Preferimos aquêle creme.
As senhoras preferem esta casemira azul ou aquela cinza?—Preferimos esta azul.

Você gosta dêste costume que está comigo?—Sim, gosto.

Do you like this suit that I have on? Yes, I do.

Você gosta do vestido que está com Catarina?—Sim, gosto.
Você gosta da saia que está com Olga?—Sim, gosto.
Você gosta do smoking que está com Carlos?—Sim, gosto.
Você gosta dos chapéus que estão com Maria e sua irmã?—Sim, gosto.

Êsse costume está-lhe muito bem assentado. Onde mandou fazê-lo?—Mandei fazê-lo naquela alfaiataria.

That suit is quite becoming. Where did you have it made? I had it made in that tailorshop.

Êsse chapéu está-lhe muito bem assentado. Onde mandou fazê-lo?—Mandei fazê-lo naquela chapelaria.
Êsse vestido está-lhe muito bem assentado. Onde mandou fazê-lo?—Mandei fazê-lo naquela loja.
Êsse terno está-lhe muito bem assentado. Onde mandou fazê-lo?—Mandei fazê-lo no Rio.
Essa saia esta-lhe muito bem assentada. Onde mandou fazê-la?—Mandei fazê-la em Londres.
Êstes smokings estão-lhes muito bem assentados. Onde mandaram fazê-los?—Mandamos fazê-los nesta alfaiataria.

O costume que está com Maria não lhe está muito bem assentado, não é?—Não, mais apertado lhe ficará melhor.

The suit Mary is wearing isn't very becoming, is it? No, it will look better tighter.

O terno que está com João não lhe está muito bem assentado, não é?—Não, mais comprido lhe ficará melhor.

A saia que está com Maria não lhe está muito bem assentada, não é?—Não, mais larga lhe ficará melhor.

O vestido que está com Catarina não lhe está muito bem assentado, não é?—Não, mais curto lhe ficará melhor.

O costume que está com Olga não lhe está muito bem assentado, não é?—Não, mais apertado e curto lhe ficará melhor.

Seu costume foi feito sob medida?—Não, Maria, comprei-o em uma loja de Campinas.

Was your suit made to order? No, Mary, I bought it in a store in Campinas.

Seu vestido foi feito sob medida?—Não, Catarina, comprei-o em uma loja de Nova York.

Seu smoking foi feito sob medida?—Não, José, comprei-o em uma loja na cidade.

Sua saia foi feita sob medida?—Não, Carlos, comprei-a em uma loja do Rio.

Seus ternos foram feitos sob medida?—Não, Paulo, comprei-os em uma loja de São Paulo.

Quanto lhe custou seu vestido?—Custou-me muito caro e não gosto dêle. Está apertado e curto.

How much did your dress cost you? It cost me a great deal and I don't like it. It is too tight and short.

Quanto lhe custou seu costume?—Custou-me muito barato mas não gosto dêle. Está muito grande para mim.

Quanto lhe custou sua saia?—Custou-me muito caro e não gosto dela. Está comprida e larga.

Quanto lhe custou seu smoking?—Custou-me muito barato mas não gosto dêle. Está apertado.

Quanto lhe custou seu terno?—Custou-me muito caro e não gosto dêle. O paletó está comprido.

O senhor pode encurtar minha saia nesta semana?—Pois não, senhora. Se quiser, poderei encurtá-la hoje.

Can you shorten my skirt this week? Why yes, ma'am. If you wish, I can shorten it today.

O senhor pode apertar meu costume nesta semana?—Pois não, senhorita. Se quiser, poderei apertá-lo hoje.

O senhor pode apertar e encurtar meu vestido nesta semana?—Pois não, senhora. Se quiser, poderei apertá-lo e encurtá-lo hoje.

O senhor pode fazer-me um smoking neste mês?—Pois não, senhor. Se quiser, poderei fazê-lo nesta semana.

O senhor pode fazer-me um terno para o verão neste mês?—Pois não, senhor. Se quiser, poderei fazê-lo nesta semana.

Quando a senhora deseja que eu faça seu costume branco?—Depois que o senhor fizer o azul, trataremos disto.

When do you want me to make your white suit? After you make the blue one, we shall take the matter up.

Quando a senhorita deseja que eu faça sua saia vermelha?—Depois que o senhor fizer a azul, trataremos disto.

Quando a senhorita deseja que eu faça seu chapéu de verão?—Depois que o senhor fizer o preto, trataremos disto.

Quando o senhor deseja que eu faça seu smoking?—Depois que o senhor fizer meus ternos para o verão, trataremos disto.

Quando a senhora deseja que eu faça seu costume para o verão?—Depois que o senhor fizer meu vestido preto, trataremos disto.

Posso mandar fazer um costume de linho cinza?—Pois não, senhora. Acabo de receber peças de um ótimo linho paulista.

Can I have a suit made out of gray linen? Certainly, ma'am. I just received some bolts of an excellent linen from São Paulo.

Posso mandar fazer um costume de casemira azul?—Pois não, senhora. Acabo de receber peças de uma ótima casemira paulista.

Posso mandar fazer um vestido de sêda preta?—Pois não, senhorita. Acabo de receber peças de uma ótima sêda paulista.

Posso mandar fazer um terno de linho branco?—Pois não, senhor. Acabo de receber peças de um ótimo linho paulista.

Posso mandar fazer um smoking desta fazenda?—Pois não, senhor. Acabo de receber seis peças dela.

Você gosta de meu chapéu preto?—Sim, mas gosto mais do vermelho.

Do you like my black hat? Yes, but I like the red one better.

João gosta de minha saia verde?—Sim, mas gosta mais da azul.

Maria gosta de meu vestido branco?—Sim, mas gosta mais do verde.

Seu espôsa gosta de seu novo chapéu vermelho?—Sim, mas gosta mais de preto.

Sua espôsa gosta de seu novo terno preto?—Sim, mas gosta mais do azul.

Faz favor de dar-me uma amostra do linho paulista que acaba de receber.—Pois não, senhorita. Aquí está.

Please give me a sample of the linen from São Paulo you have just received. Certainly, miss. Here it is.

Faz favor de dar-me uma amostra da casemira paulista que acaba de receber.—Pois não, senhora. Aquí está.

Faz favor de dar-me uma amostra da sêda que acaba de receber.—Pois não, senhora. Aquí está.

Faz favor de dar-me uma amostra desta fazenda que acaba de receber.—Pois não, senhor. Aquí está.

Faz favor de dar-me uma amostra da fazenda paulista que acaba de receber.—Pois não, senhor. Aquí está.

Quanto me custará um costume feito desta fazenda?—Nada mais que seiscentos cruzeiros.

How much will a suit made of this material cost me? Only six hundred cruzeiros.

Quanto me custará uma saia feita desta seda?—Nada mais que setecentos cruzeiros.

Quanto me custará um terno feito desta fazenda?—Nada mais que quatrocentos cruzeiros.

Quanto me custará um vestido feito dêste linho?—Nada mais que oitocentos cruzeiros.

Quanto me custará um smoking feito desta fazenda?—Nada mais que novecentos cruzeiros.

O senhor vai fazer-me um abatimento?—Não, a pesar de a senhorita ser minha antiga freguesa, não me é possível reduzir o preço.

Are you going to give me a reduction? No, in spite of your being an old customer of mine it isn't possible for me to reduce the price.

O senhor vai fazer-nos um abatimento?—Não, a pesar de a senhora e seu marido serem meus antigos fregueses não me é possível reduzir o preço.

O alfaiate vai fazer-lhes um abatimento?—Não, a pesar de nós sermos seus antigos fregueses, não lhe é possível reduzir o preço.

O alfaiate vai fazer-lhe um abatimento?—Não, a pesar de eu ser seu antigo freguês, não lhe é possível reduzir o preço.

O alfaiate vai fazer um abatimento para sua irmã?—Não, a pesar de ela ser sua antiga freguesa, não lhe é possível reduzir o preço.

O alfaiate vai fazer um abatimento para Olga e Catarina?—Não, a pesar de elas serem suas antigas freguesas, não lhe é possível reduzir o preço.

Esta fazenda está cara. Não faz um abatimento?—Sinto não poder fazer um abatimento mas esta fazenda anda caríssima.

This material is expensive. Won't you give me a reduction? I am sorry not to be able to give you a reduction but this material is running very expensive now.

Êste linho está caro. Não faz um abatimento?—Sinto não poder fazer um abatimento mas êste linho anda caríssimo.

Esta casemira está cara. Não fazem um abatimento?—Sentimos não poder fazer um abatimento mas esta casemira anda caríssima.

Estas meias estão caras. Não fazem um abatimento?—Sentimos não poder fazer um abatimento mas estas meias andam caríssimas.

Êstes relógios estão caros. Não fazem um abatimento?—Sentimos não poder fazer um abatimento mas êstes relógios andam caríssimos.

Vale a pena gastar seiscentos cruzeiros para êste costume?—Sim, senhora, êste linho lhe durará tôda a vida.

Is it worth while to spend six hundred cruzeiros for this suit? Yes, ma'am, this linen will last you a lifetime.

Vale a pena gastar setecentos cruzeiros para êste smoking?—Sim, senhora, esta fazenda lhe durará tôda a vida.

Vale a pena gastar quatrocentos cruzeiros para êste relógio?—Sim, senhor, êste relógio lhe durará tôda a vida.

Vale a pena gastar oitocentos cruzeiros para êste vestido?—Sim, senhora, êste vestido lhe durará tôda uma estação.

Vale a pena gastar cem cruzeiros para estas meias?—Sim durar-lhe-ão muito.

A senhorita quer que lhe tire agora as medidas?—Quero, sim.

Do you want me to take your measurements now? Yes, I do.

As senhoras querem que lhes tire agora as medidas?—Queremos, sim.

João quer que lhe tire agora as medidas?—Quer, sim.

Suas amigas querem que lhes tire agora as medidas?—Querem, sim.

Maria quer que lhe tire agora as medidas?—Quer, sim.

O senhor já tirou minhas medidas, não é?—Sim, tirei-as quando fiz seu costume de linho branco.

You already took my measurements, didn't you? Yes, I took them when I made your white linen suit.

O senhor já tirou as medidas de meu espôso, não é?—Sim, tirei-as quando fiz seu smoking.

O senhor já tirou as medidas de minha irmã, não é?—Sim, tirei-as quando fiz seu vestido preto.

O senhor já tirou as medidas de minha amiga, Maria, não é?--Sim, tirei-as quando fiz seu costume azul.

O senhor já tirou as medidas de meu primo, José, não é?--Não, ainda não as tirei.

Por que o senhor não usa as medidas que tirou quando fiz meu costume de linho azul?—Porque se usar agora as medidas antigas, seu costume ficará largo.

Why don't you use the measurements you took when I had my blue linen suit made? Because if I use the old measurements now, the suit will be too full.

Por que o senhor não usa as medidas que tirou quando fiz meu vestido preto?—Porque se usar as medidas antigas, seu novo vestido ficará apertado.

Por que o senhor não usa as medidas que tirou quando fiz meu smoking?—Porque se usar as medidas antigas, seu terno ficará grande.

Por que o senhor não usa as medidas que tirou quando fiz meus ternos para o verão?—Porque se usar as medidas antigas, seu novo terno ficará pequeno.

Por que o senhor não usa as medidas que tirou quando fiz meu costume de casemira verde?—Porque se usar as medidas antigas, sua saia ficará curta.

João e José engordaram durante sua permanência na praia?—João engordou mas José emagreceu.

Did John and Joseph gain weight during their stay at the seashore? John gained weight but Joseph lost weight.

Você engordou durante sua permanência em Nova York?—Sim, engordei muito.
João engordou durante sua permanência em París?—Não, emagreceu muito.
Sua irmã emagreceu durante sua permanência em Londres?—Sim, emagreceu um pouco.
Vocês emagreceram durante sua permanência em Roma?—Não, engordamos.

Quando você vai entrar em férias?—Em junho, creio.

When are you going to have a vacation? In June, I think.

Quando Maria vai entrar em férias?—Em julho, creio.
Quando Carlos vai entrar em férias?—Em agôsto, creio.
Quando vocês vão entrar em férias?—Em maio, cremos.
Quando seus amigos vão entrar em férias?—Em setembro, creio.

Onde sua irmã se hospedará quando vier aquí?—Hospedar-se-á no Hotel Santos.

Where will your sister stop when she comes here? She will stop at the Hotel Santos.

Onde seus amigos se hospedarão quando vierem aquí?—Hospedar-se-ão no Hotel Brasil.
Onde você se hospedará quando vier aquí?—Hospedar-me-ei na Casa Inglesa.
Onde vocês se hospedarão quando vierem aquí?—Hospedar-nos-emos na Casa Espanhola.
Onde nos hospedaremos quando viermos ao Rio?—Hospedar-se-ão no Hotel Mineiro.

Quer um costume mais barato que êste?—Sim, por favor.

Do you wish a cheaper suit than this? Yes, please.

Quer um terno mais apertado que êste?—Sim, por favor.
Quer um relógio mais caro que êste?—Sim, por favor.

Quer uma saia mais lisa que esta?—Sim, por favor.
Quer meias mais claras que estas?—Sim, por favor.

Se puserem uma prega atrás e outra na frente, minha saia não ficará melhor?—Sim, senhorita, se fizermos isso, sua saia ficará elegantíssima.

If you put a pleat in front and one in the back, won't my skirt look better? Yes, miss, if we do that your skirt will be very chic.

Se puserem seis botões grandes no paletó, não ficará melhor?—Sim, senhorita, se fizermos isso, seu costume ficará elegantíssimo.
Se puserem uma casa na lapela, não ficará melhor?—Sim, se fizermos isso, sua lapela ficará elegantíssima.
Se puserem uma pequena gola no paletó, não ficará melhor?—Sim, se fizermos isso, seu paletó ficará elegantíssimo.
Se puserem dois bolsos no paletó, não ficará melhor?—Sim, se fizermos isso, seu vestido ficará elegantíssimo.

O que você quer?—Quero botões brancos e bem grandes.

What do you wish? I want very big white buttons.

O que Maria quer?—Quer um costume cinza e bem elegante.
O que sua irmã quer?—Quer uma saia vermelha e bem bonita.
O que Carlos quer?—Quer um relógio bem pequeno.
O que sua mamãe quer?—Quer um vestido bem bonito.

Você me mostrará um bonito apartamento?—Sim, mostrar-lhe-ei vários apartamentos bonitos.

Will you show me a pretty apartment? Yes, I shall show you several pretty apartments.

Os alunos me mostrarão seus livros hoje?—Sim, mostrar-lhe-ão seus livros depois da aula.
O alfaiate lhe mostrará sua fazenda hoje?—Sim, mostrar-me-á uma amostra dela.
Vocês nos mostrarão seus costumes?—Sim, mostrar-lhes-emos nossos costumes e nossos vestidos novos.
Maria me mostrará a cidade hoje?—Sim, mostrar-lhe-á a cidade esta tarde.

Você me dará um conselho?—Sim, dar-lhe-ei um bom conselho.

Will you give me some advice? Yes, I shall give you some good advice.

Vocês me darão um conselho?—Sim, dar-lhe-emos um bom conselho.
Carlos nos dará um conselho?—Sim, dar-lhes-á um bom conselho.
Seus irmãos me darão um conselho?—Sim, dar-lhe-ão um bom conselho.
João nos dará um conselho?—Sim, dar-lhes-á um bom conselho.

Dou-lhe um conselho: quando fizer costume, nunca peça botões grandes.

I shall give you some advice: When you have a suit made never ask for large buttons.

Dou-lhe um conselho: quando fizer costume, nunca peça mais de dois bolsos.
Dou-lhe um conselho: quando fizer costume, nunca peça saia lisa.
Dou-lhes um conselho: quando fizerem costume, nunca peçam mangas curtas.
Dou-lhes um conselho: quando fizerem costume, nunca peçam paletó curto.

Você me trará alguma cousa de Lisboa?—Sim, trar-lhe-ei um par de meias. (or **Eu lhe trarei um par de meias.**)

Will you bring me something from Lisbon? Yes, I'll bring you a pair of stockings.

João lhe trará alguma cousa do Rio?—Sim, trar-me-á um bonito vestido.
Vocês me trarão alguma cousa de Nova York?—Sim, trar-lhe-emos um relógio.
Seus irmãos lhe trarão alguma cousa de Roma?—Sim, trar-me-ão dez metros de sêda preta.
Carlos lhe trará alguma cousa de Roma?—Sim, trar-me-á um livro italiano.

O que você dirá a sua mãe?—Eu lhe direi a verdade. (or **Dir-lhe-ei a verdade.**)

What will you tell your mother? I'll tell her the truth.

O que João dirá ao professor?—Êle lhe dirá a verdade.
O que vocês dirão o seu pai?—Nós lhe diremos a verdade.
O que seus amigos dirão a Maria?—Êles lhe dirão a verdade.
O que Maria dirá a José?—Ela lhe dirá a verdade.

A senhorita deseja fazer uma prova nesta semana?—Não, senhor, estarei ocupada tôda a semana.

Do you wish to have a fitting this week? No, sir, I shall be busy the whole week.

O senhor deseja fazer uma prova amanhã?—Não, senhor, amanhã estarei ocupado todo o dia.
Carlos deseja fazer uma prova na sexta-feira?—Não, senhor, na sexta-feira estará ocupado todo o dia.
Seus amigos desejam fazer uma prova hoje?—Não, senhor, estarão ocupados todo o dia.
Vocês desejam fazer uma prova na segunda-feira?—Não, senhor, na segunda-feira estaremos ocupados todo o dia.

Onde estão os botões que vai usar?—Não os tenho no momento.

Where are the buttons that you are going to use? I don't have them right now.

Onde está a fazenda que vai usar?—Não a tenho no momento.
Onde está a sêda que vai usar?—Não a tenho no momento.
Onde está o linho que vai usar?—Não o tenho no momento.
Onde está o livro que vai usar?—Não o tenho no momento.

A senhorita deseja uma saia do mesmo talho daquela última que lhe fiz?—Sim, mas com uma prega atrás e na frente.

Do you want a skirt of the same cut as the last one I made for you? Yes, but with a pleat in the back and in the front.

A senhora deseja um paletó do mesmo talho daquele último que lhe fiz?—Sim, mas com quatro bolsos, dois em baixo e dois em cima.

A senhora deseja uma gola do mesmo talho daquele último costume que lhe fiz?—Sim, mas com uma casa na lapela.

O senhor deseja as mangas mais compridas?—Sim, dois centímetros a mais.

Sua irmã deseja uma saia do mesmo talho daquela última costume que lhe fiz?—Sim, mas lisa atrás e na frente.

Êste chapéu é do mesmo preço daquele preto?—É, sim.

Is this hat the same price as that black one? Yes, it is.

Êste vestido é do mesmo preço daquele vermelho?—É, sim.

Êste costume é do mesmo preço daquele creme?—É, sim.

Esta saia é do mesmo preço daquela branca?—É, sim.

Êste terno é do mesmo preço daquele cinza?—É, sim.

Se lhe der êste costume para o dia vinte, estará bem?—Sim, contanto que não passe nem um dia.

Will it be all right if I give you this suit by the twentieth? Yes, provided it isn't a day later.

Se lhe der êste vestido para o dia dezenove, estará bem?—Sim, contanto que não passe nem um dia.

Se lhe dermos êste smoking para o dia dezesseis, estará bem?—Sim, contanto que não passe nem um dia.

Se lhe der esta saia para o dia dezessete, estará bem?—Sim, contanto que não passe nem um dia.

Se lhe der êste terno para as seis da tarde, estará bem?—Sim, contanto que não passe nem um minuto.

O senhor me promete acabar meu costume para o dia seis?—Sim, prometo-lhe, e se não o acabar, a senhorita não precisará aceitá-lo.

Do you promise to finish my suit by the sixth? Yes, I promise and if I don't finish it, you won't have to accept it.

O senhor me promete acabar meu vestido para o dia quinze?—Sim, prometo-lhe, e se não o acabar, a senhora não precisará aceitá-lo.

A senhora me promete acabar meu chapéu para o dia doze?—Sim, prometo-lhe, e se não o acabar, a senhorita não precisará aceitá-lo.
Os senhores me prometem acabar minha saia para o dia vinte?—Sim, prometemos-lhe, e se não a acabarmos, a senhora não precisará aceitá-la.
Os senhores me prometem acabar meu terno para o dia vinte e cinco?—Sim, prometemos-lhe, e se não o acabarmos, o senhor não precisará aceitá-lo.

A senhorita não quer encomendar uns vestidos para o verão?—Quero, sim, se meu pai me der dinheiro.

Don't you want to order some dresses for the summer? Yes, I do, if my father gives me some money.

O senhor não quer encomendar uns ternos?—Quero, sim, se meu pai me der dinheiro.
Maria não quer encomendar uns costumes?—Quer, sim, se seu pai lhe der dinheiro.
Catarina não quer encomendar uns chapéus?—Quer, sim, se sua mãe lhe der dinheiro.
Olga não quer encomendar umas saias?—Quer, sim, se nós lhe dermos dinheiro.
Carlos não quer encomendar um smoking?—Quer, sim, se suas irmãs lhe derem dinheiro.

Quando seu amigo virá aquí?—Virá aquí logo que puder.

When will your friend come here? He will come here as soon as he can.

Quando suas irmãs virão aquí?—Virão aquí logo que puderem.
Quando vocês virão aquí?—Viremos aquí logo que pudermos.
Quando João virá aquí?—Virá aquí logo que puder.
Quando você virá aquí?—Virei aquí logo que puder.

O que seu marido deseja fazer?—Parece-me que deseja fazer uns ternos claros para o verão.

What does your husband want to have made? I think he wants to have some light suits made for the summer.

O que seu primo deseja fazer?—Parece-me que deseja fazer um smoking.
O que sua irmã deseja fazer?—Parece-me que deseja fazer um costume.
O que sua mãe deseja fazer?—Parece-me que deseja fazer um vestido de sêda preta.
O que sua espôsa deseja fazer?—Parece-me que deseja fazer uma saia.

Que horas são?—Acaba de bater seis horas.

What time is it? It has just struck six.

Que horas são?—Acaba de bater cinco horas.
Que horas são?—Acaba de bater três horas.
Que horas são?—Acaba de bater sete horas.
Que horas são?—Acaba de bater nove horas.

Onde você vai?—Vou-me embora. Se não sair agora, perderei o ônibus.

Where are you going? I am leaving. If I don't leave now, I shall miss the bus.

Onde Carlos vai?—Vai-se embora. Se não sair agora, perderá o ônibus.

Onde vocês vão?—Vamo-nos embora. Se não sairmos agora, perderemos o ônibus.

Onde seus amigos vão?—Vão-se embora. Se não sairem agora, perderão o ônibus.

Onde Catarina vai?—Vai-se embora. Se não sair agora, perderá o ônibus.

Lição XII (décima segunda)

IRACEMA	IRACEMA (the wife)
São quasi sete horas e a quitanda não nos mandou as frutas.[61]	It is almost seven o'clock and the fruit store hasn't sent us the fruit yet.
ALBERTO	ALBERT (the husband)
Você vai usá-las para o jantar?	Are you going to have it for dinner?
IRACEMA	IRACEMA
Se as tivesse[170, 191] agora, prepararia um refrêsco para o seu amigo que virá jantar conosco.	If I had it now, I would prepare a drink for your friend who is coming to dine with us.
ALBERTO	ALBERT
Não é preciso; já temos guaraná.	It isn't necessary; we have guaraná.
IRACEMA	IRACEMA
Mas se lhe oferecêssemos[170, 191] um refrêsco de frutas, seria muito bom, porque a noite está bastante quente.	But if we would give him a fruit drink it would be fine because the evening is fairly hot.
ALBERTO	ALBERT
Se você me tivesse avisado[193] hoje de manhã, teria trazido frutas da feira.	If you had told me this morning I should have brought fruit from the market.
IRACEMA	IRACEMA
Se soubesse[194] que não as tínhamos[157] em casa, eu mesma teria ido comprá-las.	If I had known that we did not have any in the house, I should have gone to buy it myself.
ALBERTO	ALBERT
Bem, esqueçamo-nos[109, 127, 185] das frutas, que meu amigo vem[132, 203] chegando. Oh! . . . Carlos! . . . muito boa noite!	All right, let's forget the fruit for here comes my friend now. Ah! . . . Charles . . . good evening.
CARLOS	CHARLES
Boa noite! Como está, Alberto?	Good evening, how are you, Alberto?
ALBERTO	ALBERT
Muito bem, obrigado. Dê-me seu chapéu e sente-se.	Very well, thanks. Give me your hat and have a seat.

CARLOS

Que boa poltrona! Estou cansado. Se lhe contasse quanto trabalhei hoje, das seis da manhã até agora, você não acreditava.[192]

CHARLES

What a comfortable armchair. I am tired. If I told you how hard I worked today, from six in the morning until now, you wouldn't believe it.

ALBERTO

Você quer ficar rico, heim, rapaz? . . . Desejo apresentar-lhe minha espôsa. Iracema, êste é o doutor Carlos Lemos, meu velho colega de escola, a quem[118] você já conhece[225] muito de nome.

ALBERT

You're going to get rich, eh, my boy? . . . Now I want to introduce you to my wife. Iracema, this is Dr. Charles Lemos, my old school friend, whom you already know well by name.

CARLOS

Muito prazer em conhecê-la,[225] dona Iracema

CHARLES

I am very glad to meet you.

IRACEMA

O prazer é todo meu, doutor Carlos.[95] Há muito que esperava uma visita do senhor. Sente-se, doutor Carlos.

IRACEMA

The pleasure is all mine, Dr. Lemos. I have been hoping for a visit from you for a long time. Do sit down, Dr. Lemos.

CARLOS

Finalmente tenho o gôsto de vir à sua casa, dona Iracema. Sou tão amigo de Alberto e no entanto ainda não havia[219] sido apresentado à senhora.

CHARLES

At last I have the pleasure of coming to your home. I am such a good friend of Albert and all this time I had not been introduced to you.

ALBERTO

Se você fôsse[170, 191] amigo de verdade, procuraria mais os amigos.

ALBERT

If you were a real friend, you would seek your friends out more.

CARLOS

Se os amigos soubessem[170, 191] quanto trabalho tenho, certamente perdoariam minha falta de sociabilidade.

CHARLES

If my friends knew how much work I have to do they would certainly pardon my lack of sociability.

IRACEMA

Alberto está brincando, doutor Carlos. Êle bem sabe[225] quanto o senhor é[139] ocupado. Se os amigos de meu marido medissem[191] a amizade dêle[90] pelo número de visitas que lhes faz, acabariam concluindo[204] que são inimigos.

IRACEMA

Albert's joking, Dr. Lemos. He knows quite well how busy you are. If my husband's friends measured his friendship by the number of visits that he pays them, they would finish by concluding that they are enemies.

ALBERTO

E se meus amigos soubessem[191] que não os visito porque sou bom marido e não gosto

ALBERT

And if my friends knew that I do not visit them because I am a good husband and

50 de sair de casa à noite, é certo que me perdoariam.

don't like to go out in the evening, it is certain that they would pardon me.

IRACEMA

Bem, doutor Carlos e Alberto, o jantar está na mesa. Se o senhor deseja lavar[111] as mãos, doutor Carlos, o banheiro está ao lado 55 direito daquele[85] corredor.

IRACEMA

All right, Dr. Lemos and Albert, dinner is served. If you wish to wash your hands, Dr. Lemos, the bathroom is on the right of that hall.

CARLOS

Sim, dona Iracema. Obrigado.

CHARLES

Yes, madam. Thanks.

Na sala de jantar

CARLOS

Dona Iracema, seu jantar deve[211] estar delicioso, porque o simples cheiro dos pratos já me pôs água na boca.

IRACEMA

60 Então, vamos[221] comê-lo. Sente-se aquí por favor, doutor Carlos.

ALBERTO

Em nossa casa, Carlos, é proibido fazer cerimônia; e cada um serve-se a si mesmo.

CARLOS

Neste caso, já me vou[203] servindo de sopa.

IRACEMA

65 E você, Alberto, sirva-se[136] de pão e manteiga e passe-os ao doutor Carlos.

ALBERTO

Pois não. E você, passe-me a galinha, por favor.

CARLOS

Se soubesse[194] que hoje teríamos galinha no 70 jantar, não teria almoçado, a fim de reservar todo o apetite para agora.

In the dining room

CHARLES

Madam, your dinner must be delicious, because the mere smell of the food makes my mouth water.

IRACEMA

All right, then let's eat it. Sit here, please, Dr. Lemos.

ALBERT

In our home, Charles, we do not stand on ceremony, and each person helps himself.

CHARLES

If that is the case, I am going to help myself to soup.

IRACEMA

Albert, help yourself to some bread and butter and pass them to Dr. Lemos.

ALBERT

Why yes. And pass me the chicken, please.

CHARLES

If I had known that we would have chicken for dinner, I would not have had any lunch in order to save my appetite for now.

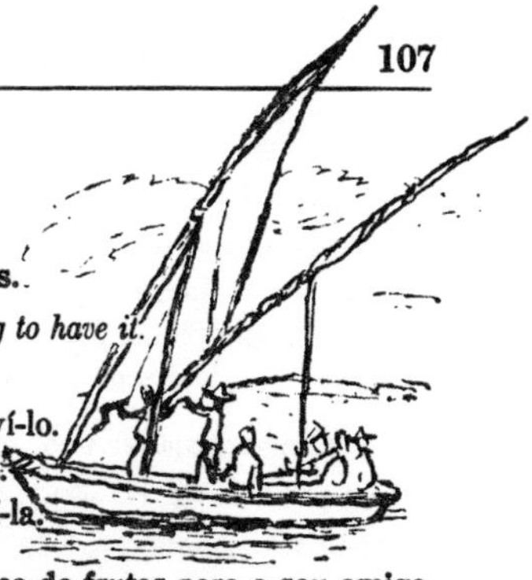

Exercises

Você vai servir frutas no jantar?—Sim, senhor, vou serví-las.

Are you going to have fruit for dinner? Yes, sir, I am going to have it.

Maria vai servir frutas no café?—Sim, senhor, vai serví-las.
Vocês vão servir arroz no almôço?—Sim, senhor, vamos serví-lo.
Olga vai servir galinha no jantar?—Sim, senhor, vai serví-la.
Sua irmã vai servir carne no jantar?—Sim, senhor, vai serví-la.

O que você está preparando?—Estou preparando um refrêsco de frutas para o seu amigo.

What are you preparing? I am preparing a fruit drink for your friend.

O que vocês estão preparando?—Estamos preparando refrêscos para os seus amigos.
O que Maria está preparando?—Está preparando um refrêsco para o meu amigo.
O que sua mãe está preparando?—Está preparando sopa para os nossos amigos.
O que Olga está preparando?—Está preparando café para sua mãe.

O que você faria, se tivesse dinheiro?—Se tivesse dinheiro, compraria um chapéu novo (or **comprava um chapéu novo**).

What would you do if you had money? If I had money, I would buy a new hat.

O que vocês fariam, se tivessem dinheiro?—Se tivéssemos dinheiro, compraríamos uma casa nova.
O que João faria, se tivesse dinheiro?—Se João tivesse dinheiro, compraria um terno novo.
O que Maria faria, se tivesse dinheiro?—Se Maria tivesse dinheiro, compraria um vestido novo.
O que seus irmãos fariam, se tivessem dinheiro?—Se meus irmãos tivessem dinheiro, comprariam um relógio para mim.

O que você teria feito, se tivesse tido dinheiro?—Se tivesse tido dinheiro, teria comprado um chapéu novo.

What would you have done, if you had had money? If I had had money, I would have bought a new hat.

O que vocês teriam feito, se tivessem tido dinheiro?—Se tivéssemos tido dinheiro teríamos comprado uma casa nova.
O que João teria feito, se tivesse tido dinheiro?—Se João tivesse tido dinheiro, teria comprado um terno novo.
O que Maria teria feito, se tivesse tido dinheiro?—Se Maria tivesse tido dinheiro, teria comprado um vestido novo.
O que seus irmãos teriam feito, se tivessem tido dinheiro?—Se meus irmãos tivessem tido dinheiro, teriam comprado um relógio para mim.

Se tivesse dinheiro hoje de manhã, teria comprado um chapéu novo.

If I had had money this morning, I would have bought a new hat.

Se tivéssemos dinheiro no ano passado, teríamos comprado uma casa nova.
Se João tivesse dinheiro ontem, teria comprado um terno novo.
Se Maria tivesse dinheiro esta manhã, teria comprado um vestido novo.
Se meus irmãos tivessem dinheiro ontem à noite, teriam comprado um relógio para mim.

Se tivéssemos tempo, iríamos ao teatro com você.

If we had the time, we should go to the theater with you.

Se tivesse tempo, iria à cidade com João.
Se Maria tivesse tempo, iria ao mercado com sua mãe.
Se meus amigos tivessem tempo, iriam à quitanda com você.
Se João tivesse tempo, iria para casa com José.

Você quer experimentar êste chapéu?—Não é preciso, porque não gosto dêle.

Do you want to try this hat on? It isn't necessary, because I don't like it.

Você quer experimentar êste chapéu de verão?—Não é preciso, porque não gosto de chapéus de verão.
Você quer experimentar êste vestido vermelho?—Não é preciso, porque não gosto de vermelho.
Você quer experimentar êste terno?—Não é preciso, porque não gosto dêle.

Seria muito bom se pudéssemos falar português, não é?—Seria, sim.

It would be fine if we could speak Portuguese, wouldn't it? Yes, it would.

Seria muito bom se João pudesse falar inglês, não é?—Seria, sim.
Seria muito bom se Maria pudesse falar francês, não é?—Seria, sim.
Seria muito bom se nossos amigos pudessem falar espanhol, não é?—Seria, sim.
Seria muito bom se todo o mundo pudesse falar a mesma língua, não é?—Seria, sim.

O que Maria lhe oferece quando a noite está quente?—Ela me oferece um refrêsco de frutas.

What does Mary give you when the evening is hot? She gives me a fruit drink.

O que Maria lhes oferece quando a noite está fria?—Ela nos oferece café.
O que sua mãe oferece às amigas quando a noite está bastante fria?—Oferece-lhes chocolate.
O que dona Maria oferece aos amigos de seu marido quando a noite está bastante quente?—Oferece-lhes refrescos.

Se você me tivesse avisado ontem, não teria saído.

If you had told me yesterday, I should not have gone out.

Se vocês me tivessem avisado hoje de manhã, não teria saído.
Se Maria lhe tivesse avisado ontem à noite, não teria saído.

Se João nos tivesse avisado esta manhã, não teríamos saído.
Se seus irmãos lhes tivessem avisado esta tarde, não teriam saído.

Se partíssemos mais tarde, perderíamos o trem.

If we should leave later, we would miss the train.

Se Maria partisse mais tarde, perderia o trem.
Se João partisse mais tarde, perderia o trem.
Se eu partisse mais tarde, perderia o trem.
Se meus amigos partissem mais tarde, perderiam o trem.

Se tivéssemos partido mais tarde, teríamos perdido o trem.

If we had left later, we would have missed the train.

Se Maria tivesse partido mais tarde, teria perdido o trem.
Se João tivesse partido mais tarde, teria perdido o trem.
Se eu tivesse partido mais tarde, teria perdido o trem.
Se meus amigos tivessem partido mais tarde, teriam perdido o trem.

Você acredita agora?—Sim, mas se Maria mesma não me dissesse, não acreditaria.

Do you believe it now? Yes, but if Mary herself hadn't told me, I wouldn't believe it.

João acredita agora?—Sim, mas se você mesma não lhe dissesse, não acreditaria.
Vocês acreditam agora?—Sim, mas se você mesmo não nos dissesse, não acreditaríamos.
Você acredita agora?—Sim, mas se vocês mesmos não me dissessem, não acreditaria.
Êles acreditam agora?—Sim, mas se João mesmo não lhes dissesse, não acreditariam.
Êle acredita agora?—Sim, mas se nós mesmos não lhe disséssemos, não acreditaria.

Se Maria não me tivesse dito, não teria acreditado.

If Mary hadn't told me, I wouldn't have believed it.

Se você não lhe tivesse dito, não teria acreditado.
Se você não nos tivesse dito, não teríamos acreditado.
Se vocês não me tivessem dito, não teria acreditado.
Se João não lhes tivesse dito, não teriam acreditado.
Se nós não lhe tivéssemos dito, não teria acreditado.

Estudaremos nossas lições esta noite?—Não. Esqueçamo-nos das lições, que amanhã é sábado.

Shall we study our lessons tonight? No. Let's forget the lessons, for tomorrow is Saturday.

Estudaremos nossas lições esta tarde?—Não. Esqueçamo-nos das lições, que amanhã o professor não estará na classe.

Estudaremos nossas lições esta noite?—Não. Esqueçamo-nos das lições, que amanhã não teremos aula.

Estudaremos nossas lições para amanhã?—Não. Esqueçamo-nos delas, que amanhã não iremos à aula.

Estudaremos nossa lição de português agora?—Não. Esqueçamo-nos dela, que poderemos estudá-la mais tarde.

Onde está Paulo?—Vem chegando.

Where is Paul? Here he comes now.

Onde está Maria?—Vem chegando.

Onde está você?—Venho chegando.

Onde estão os rapazes?—Vêm chegando.

Onde estão vocês?—Vimos chegando.

Boa noite! Como está, Alberto?—Muito bem, obrigado.—Dê-me seu chapéu e sente-se.

Good evening, how are you, Albert? Very well, thanks. Give me your hat and have a seat.

Boa noite! Como está, Maria?—Muito bem, obrigada.—Dê-me seu guarda-chuva e sente-se.

Boa noite! Como estão, senhores?—Muito bem, obrigado.—Dêem-me seu chapéu e sentem-se.

Bom dia! Como está, José?—Muito bem, obrigado.—Dê-me seu chapéu e sente-se.

Boa tarde! Como está, Olga?—Bem, obrigada.—Dê-me seus embrulhos e sente-se.

Você está cansado?—Sim, estou. Se lhe contasse quanto trabalhei hoje, saberia como estou cansado.

Are you tired? Yes, I am. If I told you how hard I worked today, you would know how tired I am.

Vocês estão cansados?—Sim, estamos. Se lhe contássemos quanto trabalhamos hoje, saberia como estamos cansados.

João está cansado?—Sim, está.—Se lhes contasse quanto trabalhou hoje, saberiam como está cansado.

Maria está cansada?—Sim, está. Se lhe contasse quanto trabalhou hoje, saberia como está cansada.

Suas irmãs estão cansadas?—Sim, estão. Se lhe contassem quanto trabalharam hoje, saberia como estão cansadas.

João quer ficar rico, não é?—Sim, senhor. Não gasta nem um cruzeiro.

John wants to get rich, doesn't he? Yes, sir. He doesn't spend a cent.

Maria quer ficar rica, não é?—Sim, senhor. Não gasta nem um cruzeiro.

Carlos e Paulo querem ficar ricos, não é?—Sim, senhor. Não gastam nem um cruzeiro.

Seu irmão quer ficar rico, não é?—Sim, senhor. Não gasta nada.

Você quer ficar rico, não é?—Não, senhor, sempre gasto muito dinheiro.

Carlos, desejo apresentar-lhe minha espôsa. Iracema, êste é o doutor Carlos Lemos, meu colega de escola, a quem você já conhece muito de nome.

Charles, I want to introduce you to my wife. Iracema, this is Dr. Charles Lemos, my school friend, whom you already know well by name.

João, desejo apresentar-lhe minha irmã. Maria, êste é o senhor João Oliveira, a quem você já conhece muito de nome.

José, desejo apresentar-lhe meu irmão. Carlos, êste é o senhor José Araújo, a quem você já conhece muito de nome.

Mamãe, desejo apresentar-lhe meu amigo. José, esta é minha mãe, de quem você já me ouviu falar muito.

Papai, desejo apresentar-lhe meu velho colega de escola. Paulo, êste é meu pai, de quem você já me ouviu falar muito.

Muito prazer em conhecê-la, dona Iracema.—O prazer é todo meu, doutor Carlos.

I am very glad to meet you, madam. The pleasure is all mine, Dr. Lemos.

Muito prazer em conhecê-lo, doutor Carlos.—O prazer é todo meu, dona Iracema.

Muito prazer em conhecê-los, senhores.—O prazer é todo nosso, senhora.

Muito prazer em conhecê-las, senhoras.—O prazer é todo nosso, senhor.

Muito prazer em conhecê-la, dona Maria.—O prazer é todo meu, seu José.

Maria vai visitá-la na próxima semana.—Que bom! Há muito que esperava uma visita dela.

Mary is going to visit you next week. Fine. I have been hoping for a visit from her for a long time.

João vai visitá-lo amanhã.—Que bom! Há muito que esperava uma visita dêle.

Meu irmão vai visitá-las esta noite.—Que bom! Há muito que esperávamos uma visita dêle.

Nós vamos visitá-los na próxima semana.—Que bom! Há muito que esperávamos uma visita sua.

Vou visitá-lo amanhã.—Que bom! Há muito que esperava uma visita sua.

Se soubesse que teria o gôsto de vê-lo aquí, teria vindo mais cedo.

If I had known that I would have the pleasure of seeing you here, I should have come earlier.

Se João soubesse que teria o gôsto de ver Maria aquí, teria vindo mais cedo.

Se soubéssemos que teríamos o gôsto de ver nosso professor aquí, teríamos vindo mais cedo.

Se êles soubessem que teriam o gôsto de ver seus amigos aquí, teriam vindo mais cedo.

Se Maria soubesse que teria o gôsto de ver Carlos aquí, teria vindo mais cedo.

Você conhecia Alberto?—Não, senhor. Sou tão amigo de seu irmão e no entanto ainda não havia sido apresentado a Alberto.

Did you know Albert? No, sir. I am such a good friend of his brother, and all this time I had not been introduced to Albert.

Vocês conheciam Maria?—Não. Somos tão amigos de sua irmã e no entanto ainda não havíamos sido apresentados a Maria.

Maria conhecia João?—Não. É tão amiga de seu irmão e no entanto ainda não havia sido apresentada a João.

Olga conhecia a mãe de Maria?—Não. É tão amiga de Maria e no entanto ainda não havia sido apresentada a sua mãe.

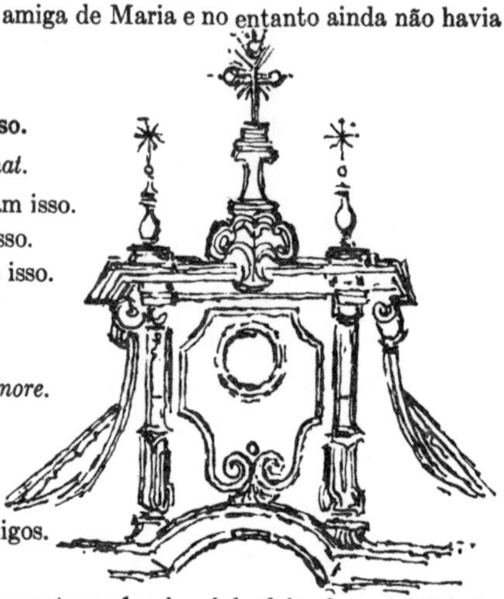

Se você fôsse amigo de verdade, não faria isso.

If you were a real friend, you wouldn't do that.

Se vocês fôssem amigos de verdade, não fariam isso.

Se Maria fôsse amiga de verdade, não faria isso.

Se fôssemos amigos de verdade, não faríamos isso.

Se fôsse você, procuraria mais os amigos.

If I were you, I would seek my friends out more.

Se ela fôsse Maria, estudaria mais.

Se êle fôsse João, gastaria menos.

Se eu fôsse Maria, não faria isso.

Se fôssemos vocês, procuraríamos mais os amigos.

Se você soubesse quanto eu sou ocupado, certamente perdoaria minha falta de sociabilidade.

If you knew how busy I am, you would certainly pardon my lack of sociability.

Se Maria soubesse quanto somos ocupados, é certo que perdoaria nossa falta de sociabilidade.

Se Maria medisse a amizade de Olga pelo número de visitas que faz, acabaria concluindo que é sua inimiga, não é?—É, sim.

Se eu medisse sua amizade pelo número de visitas que você me faz, acabaria concluindo que é meu inimigo, não é?—É, sim.

Por que você não me visita?—Porque sou bom marido e não gosto de sair de casa à noite.—Neste caso, perdoo-o.

Why don't you visit me? Because I am a good husband and I don't like to go out in the evening. In that case, I pardon you.

Por que Maria não me visita?—Porque é boa espôsa e não gosta de sair de casa à noite.—Neste caso, perdoo-a.

Por que José não nos visita?—Porque é bom marido e não gosta de sair de casa à noite.—Neste caso, perdoamo-lo.

Por que vocês não me visitam?—Porque não gostamos de sair de casa à noite.—Neste caso, perdoo-os.

Por que Olga não me visita?—Porque não gosta de sair de casa à noite.—Neste caso, perdoo-a.

O jantar está na mesa. Vamos comê-lo.

Dinner is served. Let's eat it.

O vinho está na mesa. Vamos bebê-lo.
O almôço está na mesa. Vamos tomá-lo.
O refrêsco está na mesa. Vamos tomá-lo.
As frutas estão na mesa. Vamos comê-las.

Maria deseja lavar as mãos?—Deseja, sim.

Does Mary want to wash her hands? Yes, she does.

João deseja lavar as mãos?—Deseja, sim.
Você deseja lavar as mãos?—Desejo, sim.
Vocês desejam lavar as mãos?—Desejamos, sim.
Seus amigos desejam lavar as mãos?—Desejam, sim.

Você gosta de camarão com arroz?—Gosto, sim. O simples cheiro dêle já me põe água na boca.

Do you like shrimp and rice? Yes, I do. The mere smell of it makes my mouth water.

Maria gosta de café?—Gosta, sim. O simples cheiro dêle já lhe põe água na boca.
Vocês gostam de galinha?—Gostamos, sim. O simples cheiro dela já nos põe água na boca.
Seu pai gosta de sopa?—Gosta, sim. O simples cheiro dela já lhe põe água na boca.
Seus amigos gostam de chocolate?—Gostam, sim. O simples cheiro dela já lhes põe água na boca.

Sirva-se de sopa, por favor. Em nossa casa é proibido fazer cerimônia. Cada um serve-se a si mesmo.

Help yourself to soup, please. In our house we do not stand on ceremony. Each person helps himself.

Sirva-se de pão e manteiga, por favor. Em nossa casa é proibido fazer cerimônia. Cada um serve-se a si mesmo.
Sirvam-se de carne, por favor. Em minha casa é proibido fazer cerimônia. Cada um serve-se a si mesmo.
Sirvam-se de frutas, por favor. Em nossa casa é proibido fazer cerimônia. Cada um serve-se a si mesmo.

Se soubesse que hoje teríamos galinha no jantar, teria reservado todo o apetite para agora.

If I had known that we would have chicken for dinner, I would have saved my appetite for now.

Se soubesse que hoje teríamos sopa no jantar, teria reservado todo o apetite para agora.
Se soubesse que hoje teríamos carne no almôço, teria reservado todo o apetite para agora.
Se soubesse que teríamos frutas no jantar, não teria comido tanto.
Se soubesse que teríamos guaraná, não teria tomado café.

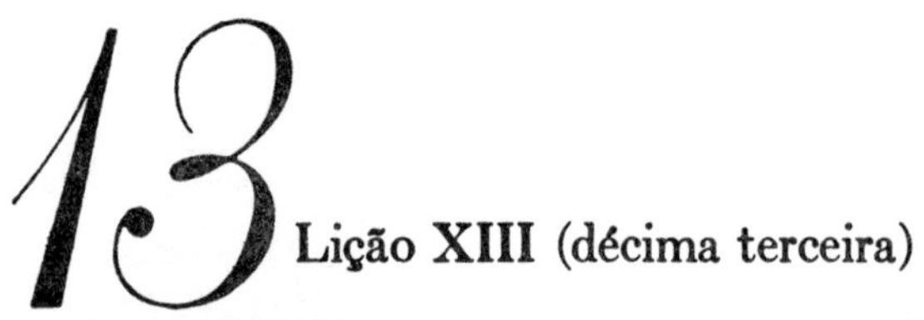

Lição XIII (décima terceira)

PROFESSOR

Rosa, você escreveu sua composição sôbre o Brasil?

TEACHER

Rose, did you write your composition on Brazil?

ALUNA

Sim, senhor.

PUPIL

Yes, sir.

PROFESSOR

Então, faça[136] o favor de lê-la.

TEACHER

Then, please read it

ALUNA

O Brasil é o maior[78] país independente das Américas. Está situado, em sua maior parte, no hemisfério sul. Sua superfície é de oito milhões quinhentos e onze mil cento e oitenta e nove[120] quilômetros quadrados. O território central brasileiro é um planalto, havendo[205, 216] uma linha de cordilheiras mais altas, paralelas ao mar. A população . . .

PUPIL

Brazil is the largest independent country in the Americas. It is located for the most part in the southern hemisphere. Its surface is 8,511,189 square kilometers. The central territory of Brazil is a plateau, and there is a line of higher mountain ranges parallel to the sea. The population . . .

PROFESSOR

Um momento. Além destas características do solo, seria bom que acrescentasse[179, 187] o seguinte: O planalto declina na região do Amazonas, quasi formando[205] uma planície; igualmente, na fronteira com o Paraguai e no Rio Grande do Sul.

TEACHER

One moment. In addition to these characteristics of the land, it would be good for you to add the following: the plateau slopes downward in the region of the Amazon, almost forming a plain; likewise, on the Paraguayan frontier and in Rio Grande do Sul.

ALUNA

A população de tão vasto território não é grande, conquanto no Brasil esteja[182] mais da metade da população da América do Sul. Nosso país, segundo as estatísticas de mil novecentos e trinta e nove, tem quarenta e cinco milhões dois mil cento e setenta e seis habitantes. Hoje, com certeza, tal número já subiu a quarenta e seis milhões. A nação está dividida em vinte estados e um distrito federal.

PUPIL

The population of such a vast territory is not great, although more than half of the population of South America is in Brazil. Our country, according to the statistics of 1939, has 45,002,176 inhabitants. By now, most certainly, this number has gone up to 46,000,000. The nation is divided into twenty states and one federal district.

PROFESSOR

Se olhar[188] para aquêle mapa do Brasil, você verá que se esqueceu de citar os sete territórios federais. Bem, continue. Depois da aula, não se esqueça[134] de corrigir isto.[84]

TEACHER

If you look at that map of Brazil, you will see that you forgot to mention the seven federal states. All right, continue. After class, don't forget to correct that.

ALUNA

As principais cidades do Brasil são Rio de Janeiro, capital federal, conhecida[208] como a mais bela[78] cidade do mundo; São Paulo, o maior[78] centro industrial da América Latina; São Salvador da Bahia, cidade célebre por seus monumentos e igrejas coloniais; e Recife, a Veneza brasileira.

PUPIL

The chief cities of Brazil are Rio de Janeiro, the national capital, which is known as the most beautiful city in the world; São Paulo, the largest industrial center of Latin America; São Salvador da Bahia, a city famous for its colonial monuments and churches; and Recife, the Brazilian Venice.

PROFESSOR

Se aquí na classe houvesse[191, 216] um mineiro, não duvido que ficaria zangado. Você se esqueceu de citar Belo Horizonte, a bela cidade das montanhas de Minas Gerais, da qual[116] todos nos orgulhamos por ser[200] uma das cidades mais novas[78] e progressivas da América. O plano da cidade segue, em linhas gerais, o de Washington, capital dos Estados Unidos. Deveria[213] ter citado também Manáus e Belém, centros de exportação da borracha.

TEACHER

If there were a native of Minas Gerais in this class, I have no doubt that he would be angry. You forgot to mention Belo Horizonte, the beautiful city of the mountains of Minas Gerais, that we are all proud of, because it is one of the youngest and most progressive cities in America. The plan of the city follows in its general outlines that of Washington, the capital of the United States. You should have also mentioned Manáus e Belém, centers of the exportation of rubber.

ALUNA

Nosso país é rico em minerais. Além do ouro e dos diamantes, possuimos as maiores[78] reservas de ferro e de níquel do mundo.

PUPIL

Our country is rich in minerals. Besides gold and diamonds, we have the largest reserves of iron and nickel in the world.

PROFESSOR

A propósito de minerais. Depois de amanhã, teremos uma aula sôbre o assunto. Seria bom que lessem[179, 187] o capítulo correspondente do livro, antes que tivéssemos[180, 187] a aula.

TEACHER

With regard to minerals, the day after tomorrow, we shall have a class on this subject. It would be good for you (pl.) to read the corresponding chapter in the book before we have the class.

ALUNA

Resta dizer que o Brasil é amigo de todos os seus vizinhos, e tanto exporta seus produtos como compra outros que não possui.[129]

PUPIL

There remains to say that Brazil is a friend of all of its neighbors, and both exports its products and buys others which it does not possess.

PROFESSOR

Muito bem. Vamos[221] terminar, porque o sino já tocou.

TEACHER

Very well. Let's finish because the bell has already rung.

Exercises

Você lê francês?—Sim, senhor, leio-o muito bem.

Do you read French? Yes, sir, I read it very well.

Carlos lê alemão?—Sim, senhor, lê-o muito bem.
José lê italiano?—Sim, senhor, lê-o muito bem.
Vocês lêem espanhol?—Sim, senhor, lemo-lo muito bem.
Seus amigos lêem inglês?—Sim, senhor, lêem-no muito bem.

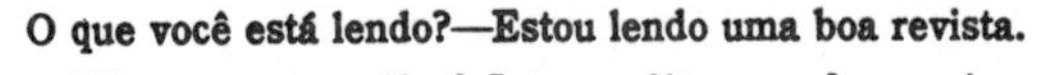

O que você está lendo?—Estou lendo uma boa revista.

What are you reading? I am reading a good magazine.

O que Maria está lendo?—Está lendo uma nova peça.
O que seus amigos estão lendo?—Estão lendo um livro de português.
O que seu irmão está lendo?—Está lendo seu novo livro.
O que vocês estão lendo?—Estamos lendo um livro de francês.

Você leu o jornal hoje?—Não, ainda não o li.

Did you read the newspaper today? No, I didn't read it yet.

Maria leu esta revista?—Não, ainda não a leu.
Vocês leram êste livro?—Não, ainda não o lemos.
Seus amigos leram esta revista?—Não, ainda não a leram.
Seu professor leu sua composição?—Sim, leu-a ontem.

É necessário que eu leia francês?—Não, não é necessário que você leia francês.

Is it necessary for me to read French? No, it isn't necessary for you to read French.

É necessário que leiamos espanhol?—Não, não é necessário que vocês leiam espanhol.
É necessário que estas moças leiam italiano?—Não, não é necessário que leiam italiano.
É necessário que Carlos leia alemão?—Não, não é necessário que Carlos leia alemão.
É necessário que você leia inglês?—Não, não é necessário que eu leia inglês.
É necessário que vocês leiam português?—Sim, é necessário que leiamos português.

Faça o favor de ler-me sua composição sôbre o Brasil.

Please read me your composition on Brazil.

Faça o favor de escrever-me uma composição sôbre a região do Amazonas.
Faça o favor de passar-me o leite.
Faça o favor de ver-me depois da aula.
Faça o favor de esperar-me na biblioteca.

Faz favor de recomendar-me um bom restaurante.

Please recommend a good restaurant to me.

Faz favor de recomendar-nos um bom hotel.
Faz favor de recomendar-nos uma boa pensão.
Faz favor de recomendar-me uma boa chapelaria.
Faz favor de recomendar-me uma boa livraria.

Qual é o melhor restaurante da cidade?—O restaurante alí da esquina é o melhor da cidade.

What is the best restaurant in the city? The restaurant over there on the corner is the best in the city.

Qual é a melhor pensão da cidade?—A pensão do outro lado da rua é a melhor da cidade.
Qual é a melhor livraria da cidade?—A livraria alí da esquina é a melhor da cidade.
Qual é a melhor chapelaria da cidade?—Aquela chapelaria é a melhor da cidade.
Quais são os melhores hotéis da cidade?—O Hotel Brasil e o Hotel Mineiro são os melhores hotéis da cidade.

Qual é o maior país independente das Américas?—O Brasil é o maior país independente das Américas.

What is the largest independent country in the Americas? Brazil is the largest independent country in the Americas.

Qual é o maior centro industrial da América Latina?—São Paulo é o maior centro industrial da América Latina.
Qual é a maior cidade da Brasil?—O Rio é a maior cidade do Brasil.
Quais são as duas maiores cidades do Brasil?—O Rio e a cidade de São Paulo são as duas maiores cidades do Brasil.
Quais são os dois maiores hotéis desta cidade?—O Hotel Mineiro e o Hotel Santos são os dois maiores hotéis desta cidade.

Qual é o aluno mais aplicado da escola?—Carlos é o aluno mais aplicado da escola.

Who is the most studious pupil in the school? Charles is the most studious pupil in the school.

Qual é a moça mais linda da universidade?—Olga é a moça mais linda da universidade.
Qual é o rapaz mais bonito da universidade?—Paulo é o rapaz mais bonito da universidade.
Qual é o senhor mais rico da cidade?—O senhor Lemos é o senhor mais rico da cidade.
Qual é o melhor professor da universidade?—O doutor Oliveria é o melhor professor da universidade.

Seu amigo é rico?—Sim, é um dos rapazes mais ricos do país.

Is your friend rich? Yes, he is one of the richest boys in the country.

Sua aluna é aplicada?—Sim, é uma das alunas mais aplicadas da universidade.
Sua irmã é bonita?—Sim, é uma das moças mais bonitas do Rio.
Êste hotel é bom?—Sim, é um dos melhores hotéis da cidade.
Essa pensão é grande?—Sim, é uma das maiores pensões da cidade.

Esta linha de cordilheiras é a mais alta do Brasil, não é?—É, sim.

This line of mountain ranges is the highest in Brazil, isn't it? Yes, it is.

Esta cidade é a mais bela do Brasil, não é?—É, sim.
Esta igreja é a mais velha do Brasil, não é?—É, sim.
Esta universidade é a mais conhecida do Brasil, não é?—É, sim.
Êste país é o mais progressivo da América Latina, não é?—É, sim.

Onde está situado o Brasil?—Está situado, em sua maior parte, no hemisfério sul.

Where is Brazil located? It is located, for the most part, in the Southern Hemisphere.

Onde está situado o Paraguai?—O Paraguai também está situado no hemisfério sul.
Onde estão situados os Estados Unidos?—Estão situados no hemisfério norte.
Onde está situada a cidade de Belo Horizonte?—Está situada nas montanhas de Minas Gerais.
Onde está situada a cidade de Belém?—Está situada na região do Amazonas.

Quantos hotéis há nesta cidade?—Há mais ou menos trinta hotéis nesta cidade.

How many hotels are there in this city? There are about thirty hotels in this city.

Quantas chapelarias há nesta cidade?—Há mais ou menos quarenta chapelarias nesta cidade.
Quantos restaurantes há nesta cidade?—Há mais ou menos cinqüenta restaurantes nesta cidade.
Quantas pensões há nesta cidade?—Há mais ou menos setenta pensões nesta cidade.
Quantas livrarias há nesta cidade?—Há mais ou menos sesenta livrarias nesta cidade.
Quantos cômodos há nesta casa?—Há mais ou menos vinte e cinco cômodos nesta casa.
Quantos capítulos há neste livro?—Há mais ou menos vinte capítulos neste livro.
Quantos alunos há nesta escola?—Há mais ou menos oitenta alunos nesta escola.

Qual é o aluguel dêste apartamento?—É de quinhentos cruzeiros por mês.

What is the rent of this apartment? It is five hundred cruzeiros a month.

Qual é o aluguel do apartamento de João?—É de novecentos cruzeiros por mês.
Qual é o aluguel do apartamento de José?—É de oitocentos cruzeiros por mês.
Qual é o aluguel do apartamento de Carlos?—É de seiscentos cruzeiros por mês.
Qual é o aluguel do apartamento de Maria?—É de setecentos cruzeiros por mês.
Qual é o aluguel do apartamento de seu irmão?—É de duzentos cruzeiros por mês.
Qual é o aluguel do apartamento de Olga?—É de trezentos cruzeiros por mês.
Qual é o aluguel do apartamento de Catarina?—É de quatrocentos cruzeiros por mês.

Quantas moças há na classe de literatura portuguêsa?—Há cento e trinta e uma moças naquela classe.

How many girls are there in the class in Portuguese literature? There are a hundred and thirty-one girls in that class.

Quantas moças há na classe de literatura francesa?—Há cento e quarenta e duas moças naquela classe.

Quantas moças há na classe de literatura espanhola?—Há cento e setenta e seis moças naquela classe.

Quantos rapazes há na classe de literatura alemã?—Há duzentos e oitenta e quatro rapazes naquela classe.

Quantos rapazes há na classe de literatura inglêsa?—Há trezentos e noventa e um rapazes naquela classe.

Quantos rapazes há na classe de literatura italiana?—Há cento e dois rapazes naquela classe.

Quantas alunas há na classe de história?—Há duzentas e três alunas naquela classe.

Qual é a população do Brasil?—Segundo as estatísticas mais recentes, o Brasil tem mais de quarenta e seis milhões de habitantes.

What is the population of Brazil? According to the most recent statistics, Brazil has more than forty-six million inhabitants.

Qual é a população de seu país, Catarina?—Segundo as estatísticas mais recentes meu país tem mais de oitenta e cinco milhões de habitantes.

Qual é a população de seu país, Carlos?—Segundo as estatísticas mais recentes, meu país tem mais de trinta e cinco milhões de habitantes.

Qual é a população de seu país, José?—Segundo as estatísticas mais recentes, meu país tem mais de vinte e dois milhões de habitantes.

Qual é a população de seu país, Maria?—Segundo as estatísticas mais recentes, meu país tem mais de cento e vinte e dois milhões de habitantes.

Qual é a superfície do Brasil?—A superfície do Brasil é de oito milhões quinhentos e onze mil cento e oitenta e nove quilômetros quadrados.

What is the surface of Brazil? The surface of Brazil is 8,511,189 square kilometers.

José, qual é a superfície de seu país?—A superfície de meu país é de dois milhões seiscentos e sete mil cento e setenta e cinco quilômetros quadrados.

Maria, qual é a superfície de seu país?—A superfície de meu país é de três milhões quinhentos e dez mil cento e oitenta e seis quilômetros quadrados.

João, qual é a superfície de seu país?—A superfície de meu país é de cinco milhões novecentos e seis mil cento quarenta e dois quilômetros quadrados.

Olga, qual é a superfície de seu país?—A superfície de meu país é de quatro milhões quatrocentos e oito mil cento e quarenta e nove quilômetros quadrados.

Seria bom que lesse um livro sôbre o Brasil.

It would be good for you to read a book on Brazil.

Seria bom que aprendesse português.
Seria bom que Maria viesse ao Rio.
Seria bom que seus irmãos viessem aos Estados Unidos.
Seria bom que vocês trabalhassem em São Paulo.
Seria bom que Carlos estudasse suas lições.

Vocês estudam tôdas as noite?—Não, senhor, conquanto sejamos boas alunas, não gostamos de estudar.

Do you study every night? No, sir, although we are good students we do not like to study.

João estuda tôdas as noites?—Não, senhor, conquanto seja bom aluno não gosta de estudar.
Catarina estuda tôdas as noites?—Não, senhor, conquanto seja boa aluna, não gosta de estudar.
Seus irmãos estudam tôdas as noites?—Não, senhora, conquanto sejam bons alunos, não gostam de estudar.
Você estuda tôdas as noites?—Não, senhora, conquanto eu seja boa aluna, não gosto de estudar.

Não se esqueça do seguinte: o Brasil está dividido em vinte estados, um distrito federal e sete territórios federais.

Don't forget the following: Brazil is divided into twenty states, a federal district, and seven federal territories.

Não se esqueça do seguinte: o Brasil é um país rico em minerais.
Não se esqueça do seguinte: o Brasil é um país muito progressivo.
Não se esqueça do seguinte: o Brasil é o maior país independente das Américas.
Não se esqueça do seguinte: a capital federal do Brasil é o Rio de Janeiro.

Olhe para o mapa do Brasil e verá onde estão os sete territórios federais.

Look at the map of Brazil and you will see where the seven federal territories are.

Olhe para o mapa do Brasil e verá onde está a região do Amazonas.
Olhe para o mapa das Américas e verá onde está o Paraguai.
Olhem para o mapa do Brasil e verão onde está sua fronteira com o Paraguai.
Olhem para o mapa dos Estados Unidos e verão onde está o distrito federal.

O senhor deseja que eu acabe minha composição sôbre o Brasil?—Sim, continue, por favor.

Do you want me to finish my composition on Brazil? Yes, continue, please.

O senhor deseja que eu acabe minha composição sôbre os minerais do Brasil?—Sim, continue, por favor.

O senhor deseja que nós acabemos nossas composições sôbre o Paraguai?—Sim, continuem, por favor.
O senhor deseja que nós acabemos nossas composições sôbre a exportação da borracha no Brasil?—Sim, continuem, por favor.
O senhor deseja que eu acabe minha composição sôbre os Estados Unidos?—Sim, continue, por favor.

Você deveria ter estudado antes que seu amigo chegasse.
You should have studied before your friend arrived.
Carlos deveria ter estudado antes que seu irmão chegasse.
Vocês deveriam ter estudado antes que sua mãe chegasse.
Maria deveria ter estudado antes que suas irmãs chegassem.
Paulo e José deveriam ter estudado antes eu chegasse.
Nós deveríamos ter estudado antes que você chegasse.
Eu deveria ter estudado antes que vocês chegassem.

Muito prazer em conhecê-lo.—Igualmente, senhor.
I am very glad to meet you. And I am glad to meet you too, sir.
Muito prazer em conhecê-la.—Igualmente, senhorita.
Muito prazer em conhecê-la.—Igualmente, senhor.
Muito prazer em conhecê-las.—Igualmente, senhor.
Muito prazer em conhecê-los.—Igualmente, senhorita.

Se eu fôsse Carlos, leria um livro sôbre o Brasil antes que tivéssemos a aula de história.
If I were Charles, I would read a book on Brazil before we have the history class.
Se eu fôsse você, leria um livro sôbre o Paraguai antes que tivéssemos a aula.
Se eu fôsse Catarina, leria um livro sôbre os Estados Unidos antes que tivéssemos a aula.
Se eu fôsse Iracema, leria um livro sôbre a exportação da borracha no Brasil antes que tivéssemos a aula.
Se eu fôsse João, leria um livro sôbre a região do Amazonas antes que tivéssemos a aula

Todos vocês falam inglês?—Sim, todos falamos inglês.
Do you all speak English? Yes, we all speak English.
Todos vocês bebem vinho?—Sim, todos bebemos vinho.
Todos vocês comem carne?—Sim, todos comemos carne.
Todos vocês estudam francês?—Sim, todos estudamos francês.
Tôdas vocês ensinam alemão?—Sim, tôdas ensinamos alemão.
Todos os alunos moram aquí?—Sim, todos moram aquí.

Você se orgulha de seu irmão por ser bom aluno?—Sim, orgulho-me muito dêle.

Are you proud of your brother for being a good student? Yes, I am very proud of him.

Sua mãe se orgulha de você por ser bom aluno?—Sim, orgulha-se muito de mim.
Seus irmãos se orgulham de Maria por ser boa aluna?—Sim, orgulham-se muito dela.
Vocês se orgulham de Carlos por ser bom aluno?—Sim, orgulhamo-nos muito dêle.
Carlos se orgulha de nós por ser bons alunos?—Sim, orgulha-se muito de nós.

Você segue os conselhos de seu pai?—Não, não os sigo.

Do you follow your father's advice? No, I don't.

João segue os conselhos de seu pai?—Não, não os segue.
Vocês seguem os conselhos de seu pai?—Não, não os seguimos.
Seus irmãos seguem seus conselhos?—Não, não os seguem.
Sua irmã segue seus conselhos?—Sim, segue-os.
Vocês seguem os conselhos de seu pai?—Sim, seguimo-los.
Suas irmãs seguen os conselhos de sua mãe?—Sim, seguem-nos.

O plano da cidade segue o de Washington, não é?—É, sim.

The plan of the city follows that of Washington, doesn't it? Yes, it does.

O plano da cidade segue o de São Paulo, não é?—É, sim.
O plano desta cidade segue o do Rio, não é?—É, sim.
O plano desta cidade segue o de París, não é?—É, sim.
O plano destas cidades segue o de Londres, não é?—É, sim.

Seu chapéu é como o de Maria, não é?—É, sim.

Your hat is like Mary's, isn't it? Yes, it is.

Seu terno é como o de Paulo, não é?—É, sim.
Sua saia é como a de Olga, não é?—É, sim.
Seu vestido é como o de Iracema, não é?—É, sim.
Suas meias são como as de Rosa, não é?—Não, não são exatamente como as de Rosa.

Qual é a cidade mais progressiva do mundo?—Se aquí houvesse um norte-americano, diria que Nova York é a cidade mais progressiva do mundo.

What is the most progressive city in the world? If there were a North American here he would say that New York is the most progressive city in the world.

Qual é a mais bela cidade do mundo?—Se aquí houvesse um brasileiro, diria que o Rio é a mais bela cidade do mundo.
Qual é a mais adiantada cidade do mundo?—Se aquí houvesse um inglês, diria que Londres é a mais adiantada cidade do mundo.
Qual é a cidade mais conhecida do mundo?—Se aquí houvesse um francês, diria que París é a cidade mais conhecida do mundo.

Qual é o maior centro industrial da América Latina?—Se aquí houvesse um paulista, diria que São Paulo é o maior centro industrial da América Latina.

Por que você está zangado?—Estou zangado porque não posso ir ao teatro esta noite.

Why are you angry? I am angry because I cannot go to the theater tonight.

Por que Maria está zangada?—Ela está zangada porque não pode ir a Nova York.
Por que vocês estão zangados?—Nós estamos zangados porque não podemos ir ao Rio.
Por que seus amigos estão zangados?—Estão zangados porque não podem ver a nova peça.
Por que seus alunos estão zangados?—Estão zangados porque tem muitas lições.

Resta dizer alguma cousa mais?—Não, senhor, disse tudo.

Is there anything more to say? No, sir, you said everything.

Resta ver alguma cousa mais?—Não, senhor, viu tudo.
Resta corrigir alguma cousa mais?—Não, senhor, corrigiu tudo.
Resta comprar alguma cousa mais?—Não, senhor, comprou tudo.
Resta ler alguma cousa mais?—Não, senhor, leu tudo.

O Brasil tanto compra como exporta?—Sim, compra e exporta.

Does Brazil buy as well as export? Yes, she both buys and exports.

Sua irmã tanto fala como lê português?—Sim, fala e lê.
Vocês tanto estudam como trabalham?—Sim, estudamos e trabalhamos.
Seus irmãos tanto escrevem como falam francês?—Sim, escrevem e falam.
Você tanto ensina como estuda?—Sim, ensino e estudo.

Você possui um bom relógio com diamantes?—Não, não possuo nem um relógio barato.

Do you have a good diamond watch? No, I don't even have a cheap watch.

Seu país possui grandes reservas de minerais?—Não, não possui nem um mineral.
Vocês possuem grandes reservas de minerais?—Não, não possuimos nem um mineral.
Os Estados Unidos possuem grandes edifícios em suas cidades?—Sim, possuem.
O Brasil possui grandes reservas de minerais?—Sim, possui as maiores reservas de ferro e níquel do mundo.

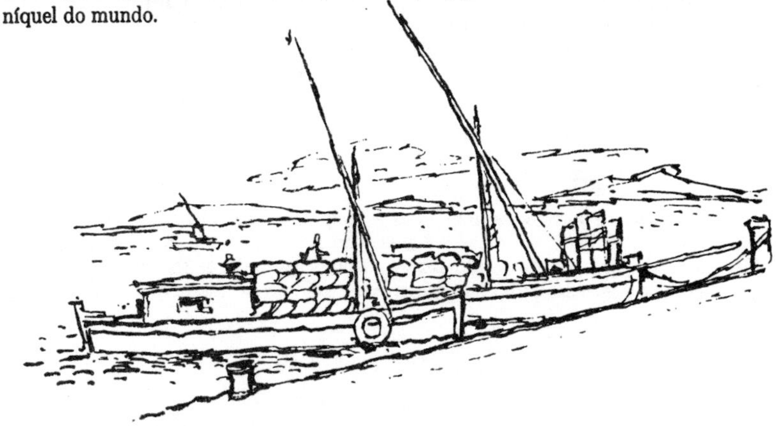

Lição XIV (décima quarta)

ALICE

Carlos, você foi feliz em seu exame?

Charles, did you make out in your examination?

CARLOS

Creio[132] que sim; pelo menos, respondí a tôdas as perguntas. E você?

CHARLES

I think so; at least I answered all the questions. How about you?

ALICE

Ainda não tive[151] meu exame de história do 5 Brasil.

ALICE

I have not yet had my examination on the history of Brazil.

CARLOS

Então, eu mesmo vou examiná-la.

CHARLES

Then, I am going to give you an examination.

ALICE

Está bem! . . .

ALICE

All right! . . .

CARLOS

Em que dia foi[146] descoberto o Brasil?

CHARLES

On what day was Brazil discovered?

ALICE

No dia vinte e um de abril de mil e qui- 10 nhentos, por navegantes portuguêses.

ALICE

On April 21, 1500 by Portuguese navigators.

CARLOS

Por quanto tempo o Brasil foi colônia de Portugal?

CHARLES

How long was Brazil a colony of Portugal?

ALICE

Desde o descobrimento até dezesseis de dezembro de mil oitocentos e quinze, data em 15 que foi[146] elevado à categoria de reino unido ao de Portugal.

ALICE

From the time of the discovery until December 18, 1815, the date on which it was raised to the category of kingdom united to that of Portugal.

CARLOS

Que você sabe[225] sôbre os Bandeirantes?

CHARLES

What do you know about the Bandeirantes (prospectors)?

ALICE

Foram os brasileiros e portuguêses que penetraram o interior do país, de meiados[61] do 20 século dezesseis a meiados do século dezessete, em busca do ouro e das pedras preciosas.

ALICE

They were the Brazilians and Portuguese who penetrated the interior of the country from the middle of the sixteenth century to the middle of the seventeenth century, in

Êles descobriram para o Brasil mais da metade de seu território atual.

search of gold and precious stones. They discovered for Brazil more than half of its present territory.

CARLOS

Empreendeu o Brasil alguma guerra, a fim de conquistar a grande área que hoje possui?[129]

CHARLES

Did Brazil undertake any war in order to win the great area which it possesses today?

ALICE

Não; os territórios explorados pelos Bandeirantes incorporaram-se ao Brasil por meio de tratados.

ALICE

No. The territories explored by the Bandeirantes were incorporated into Brazil by means of treaties.

CARLOS

Lutaram os brasileiros para obter[44] sua independência?

CHARLES

Did the Brazilians fight in order to obtain their independence?

ALICE

Muitas e muitas vêzes. Entre as grandes revoluções nativistas, devo[210] mencionar a Conjuração Mineira de mil setecentos e oitenta e nove, que pretendia dar liberdade ao Brasil e organizá-lo em forma republicana. Infelizmente, fracassaram os planos e os conspiradores receberam terríveis castigos[61] do govêrno português.

ALICE

Many, many times. Among the great native (anti-Portuguese) revolutions, I must mention the Conspiracy of Minas Gerais of 1789, which attempted to give freedom to Brazil and to organize it under a republican form of government. Unfortunately, the plans failed and the conspirators received terrible punishment from the Portuguese government.

CARLOS

E quando foi[146] promulgada a constituição do Brasil independente?

CHARLES

And when was the constitution of an independent Brazil promulgated?

ALICE

A vinte e cinco de março de mil oitocentos e vinte e quatro.

ALICE

On March 25, 1824.

CARLOS

Fale alguma cousa a respeito de nossa vida de país independente.

CHARLES

Tell me something about our life as an independent country.

ALICE

Como você sabe,[225] o príncipe português Dom Pedro, proclamador da independência brasileira, foi nosso imperador de mil oitocentos e vinte e dois a mil oitocentos e trinta e um, sob[43] o título de Dom Pedro Primeiro, data em que abdicou.[44] Em vista de o filho de

ALICE

As you know, the Portuguese prince, Dom Pedro, who proclaimed Brazil independent, was our emperor with the title of Dom Pedro I from 1822 to 1831, the date on which he abdicated. Since the son of Pedro I was still a child there was a Regency for nine years.

Pedro Primeiro ser[200] ainda uma criança, houve[216] uma Regência de nove anos. Em mil oitocentos e quarenta, o príncipe subiu 55 ao trono sob[43] o título de Dom Pedro Segundo. Seu reinado durou quarenta e nove anos. A quinze de novembro de mil oitocentos e oitenta e nove os brasileiros proclamaram a República, adotando[205] nosso país o nome 60 "República dos Estados Unidos do Brasil." Nestes cinqüenta anos de vida republicana, o Brasil alcançou grande progresso, figurando[205] hoje entre as mais adiantadas[78] nações do Novo Mundo.

In 1840, the prince mounted the throne with the title of Dom Pedro II. His reign lasted forty-nine years. On November 15, 1889, the Brazilians proclaimed the Republic and our country adopted the name of "The Republic of the United States of Brazil." In these fifty years of life as a republic, Brazil has made great progress and stands today among the most advanced nations of the New World.

CARLOS

65 Muito bem! Eu a aprovaria com uma boa nota, se fôsse[191] seu professor.

CHARLES

Very good! I would pass you with a good mark if I were your teacher.

Exercises

Você foi feliz em seu exame?—Creio que sim.

Did you make out in your examination? I think so.

Maria foi feliz em seu exame?—Creio que sim.
João foi feliz em seu exame?—Creio que sim.
Vocês foram felizes em seu exame?—Cremos que sim.
Todos os alunos foram felizes en seu exame?—Creio que sim.
José foi feliz em seu exame?—Creio que não.
Olga foi feliz em seu exame?—Creio que não.

Você vai à universidade neste ano?—Penso que sim.

Are you going to the university this year? I think so.

João vai à universidade neste ano?—Penso que sim.
Maria vai à universidade neste ano?—Penso que sim.
Olga vai à universidade neste ano?—Penso que sim.
Vocês vão à universidade neste ano?—Pensamos que não.

Você vai a Nova York nesta semana?—Espero que sim.

Are you going to New York this week? I hope so.

Você vai a París neste mês?—Espero que sim.
Vocês vão a Roma neste ano?—Esperamos que sim.
Maria vai ao Rio neste mês?—Espero que sim.
João vai a Londres nesta semana?—Espero que não; quero que êle fique aquí.

Você respondeu a tôdas as perguntas?—Sim, senhor, pelo menos pretendí responder a tôdas.

Did you answer all the questions? Yes, sir, at least I attempted to answer all of them.

Maria respondeu a tôdas as perguntas?—Sim, senhor, pelo menos pretendeu responder a tôdas.

João respondeu a tôdas as perguntas?—Sim, senhor, pelo menos pretendeu responder a tôdas.

Vocês responderam a tôdas as perguntas?—Sim, senhor, pelo menos pretendemos responder a tôdas.

Seus alunos responderam a tôdas as perguntas?—Sim, senhor, pelo menos pretenderam responder a tôdas.

Você já teve seu exame de história do Brasil?—Ainda não, senhor.

Did you already have your examination on the history of Brazil? Not yet, sir.

Vocês já tiveram seu exame de história dos Estados Unidos?—Ainda não, senhor.

Maria já teve seu exame de história de Portugal?—Ainda não, senhor.

João já teve seu exame de história da Conjuração Mineira?—Ainda não, senhor.

Carlos já teve seu exame de história do Paraguai?—Ainda não, senhor.

A que horas o professor vai examiná-lo?—Vai examinar-me às dez em ponto.

What time is the professor going to give you an examination? He is going to give me an examination at ten o'clock sharp.

A que horas o professor vai examinar Maria?—Vai examiná-la às onze e meia.

A que horas o professor vai examiná-los?—Vai examinar-nos às duas.

A que horas o professor vai examinar João?—Vai examiná-lo às três.

A que horas o professor vai examinar seus alunos?—Vai examiná-los à uma em ponto.

Em que dia foi descoberto o Novo Mundo?—No dia doze de outubro de mil quatrocentos e noventa e dois.

On what day was the New World discovered? On october 12, 1492.

Em que dia foi descoberto o Brasil?—No dia vinte e um de abril de mil e quinhentos.

Em que dia o Brasil foi elevado à categoria de reino unido ao de Portugal?—A dezesseis de dezembro de mil oitocentos e quinze.

Em que dia foi promulgada a constituição do Brasil independente?—No dia vinte e cinco de março de mil oitocentos e vinte e quatro.

Em que dia foi proclamada a República dos Estados Unidos do Brasil?—A quinze de novembro de mil oitocentos e oitenta e nove.

Por quem foi descoberto o Novo Mundo?—Foi descoberto por Colombo.

By whom was the New World discovered? It was discovered by Columbus.

Por quem foi descoberto o Brasil?—Foi descoberto por navegantes portuguêses.
Por quem foi descoberto o interior do Brasil?—Foi descoberto pelos Bandeirantes.
Por quem foram explorados os países sul-americanos?—Foram explorados pelos portuguêses e espanhóis.
Por quem foi proclamada a independência brasileira?—Foi proclamada por Dom Pedro Primeiro.

Por quem foi escrito êste livro?—Foi escrito pelo senhor Oliveira.
By whom was this book written? It was written by Mr. Oliveira.
Por quem foi escrito aquêle livro?—Foi escrito pelo doutor Lemos.
Por quem foi escrita esta composição?—Foi escrita por Maria.
Por quem foram escritos êstes livros?—Foram escritos pelo professor Mendes.
Por quem foram escritas estas composições?—Foram escritas pelos alunos.

O que foi dito sôbre a nova peça?—Que é muito boa.
What was said about the new play? That it is very good.
O que foi dito sôbre o novo livro?—Que é muito interessante.
O que foi dito sôbre o novo restaurante?—Que é muito bom.
O que foi dito sôbre o novo professor?—Que é bom professor.
O que foi dito sôbre o novo hotel?—Que tem quartos grandes.

Por quem foi aberta esta porta?—Foi aberta por Maria.
By whom was this door opened? It was opened by Mary.
Por quem foi aberto êste livro?—Foi aberto pelo professor.
Por quem foram abertas estas portas?—Foram abertas por João.
Por quem foram abertos êstes livros?—Foram abertos por José.
Por quem foi aberto êste dicionário?—Foi aberto por Carlos.

Por quanto tempo o Brasil foi colônia de Portugal?—Desde o descobrimento até mil oitocentos e quinze.
How long was Brazil a colony of Portugal? From the time of the discovery until 1815.
Por quanto tempo o Brasil foi reino unido ao de Portugal?—Desde mil oitocentos e quinze até mil oitocentos e vinte e quatro.
Por quanto tempo Dom Pedro Primeiro foi imperador?—Desde mil oitocentos e vinte e dois até mil oitocentos e trinta e um.
Por quanto tempo houve uma Regência?—Desde mil oitocentos e trinta e um até mil oitocentos e quarenta.
Por quanto tempo Dom Pedro Segundo foi imperador?—Desde mil oitocentos e quarenta até mil oitocentos e oitenta e nove.

Por quanto tempo você estudará esta noite?—Estudarei das oito às dez.

How long will you study tonight? I shall study from eight to ten.

Por quanto tempo Maria estudará esta noite?—Estudará das sete às dez.
Por quanto tempo João estudará esta noite?—Estudará das oito às onze.
Por quanto tempo Carlos e Paulo estudarão esta noite?—Estudarão das nove às onze.
Por quanto tempo vocês estudarão esta noite?—Estudaremos das dez às doze.

Que Carlos sabe sôbre Colombo?—Não sabe nada. Diga-lhe alguma cousa.

What does Charles know about Columbus? He doesn't know anything. Tell him something.

Que você sabe sôbre os Bandeirantes?—Não sei nada. Diga-me alguma cousa.
Que vocês sabem sôbre Dom Pedro Primeiro?—Não sabemos nada. Diga-nos alguma cousa.
Que Maria sabe sôbre Dom Pedro Segundo?—Não sabe nada. Diga-lhe alguma cousa.
Que João sabe sôbre os Estados Unidos?—Não sabe nada. Diga-lhe alguma cousa.

Onde está dona Maria?—Foi à cidade em busca de uma casa.

Where is Mrs. Mendes? She went to the city in search of a house.

Onde está João?—Foi para Nova York em busca de trabalho.
Onde estão seus irmãos?—Foram à livraria em busca de um bom dicionário.
Onde está Carlos?—Foi para o Brasil em busca de ouro e de pedras preciosas.
Onde está dona Iracema?—Foi à chapelaria em busca de um chapéu de verão.

Como os brasileiros obtiveram sua independência?—Lutaram muitas e muitas vêzes para obtê-la.

How did the Brazilians obtain their independence? They fought many, many times to obtain it.

Como os sul-americanos obtiveram sua independência?—Lutaram muitas vêzes para obtê-la.
Como os franceses obtiveram sua independência?—Lutaram para obtê-la.
Como os norte-americanos obtiveram sua independência?—Lutaram para obtê-la.
Como os paraguaios obtiveram sua independência?—Lutaram para obtê-la.

Você pode mencionar uma grande revolução nativista?—Sim. A Conjuração Mineira.

Can you mention a great native revolution? Yes, the Conspiracy of Minas Gerais.

Você pode mencionar um imperador brasileiro?—Sim. Dom Pedro Segundo.
Você pode mencionar uma grande cidade do Brasil?—Sim. São Paulo.
Você pode mencionar uma grande cidade dos Estados Unidos?—Sim. Nova York.
Você pode mencionar um país rico em minerais?—Sim. O Brasil.

Que pretendiam fazer os conspiradores mineiros?—Pretendiam dar liberdade ao Brasil, mas infelizmente, fracassaram os seus planos.

What did the conspirators of Minas Gerais attempt to do? They attempted to give freedom to Brazil, but unfortunately their plans failed.

Que pretendiam fazer os habitantes de seu país?—Pretendiam proclamar a República, mas infelizmente, fracassaram os seus planos.
Que pretendiam fazer os habitantes do Paraguai?—Pretendiam dar liberdade aos conspiradores, mas infelizmente, fracassaram os seus planos.
Que pretendia fazer o príncipe português Dom Pedro?—Pretendia dar liberdade ao Brasil e proclamou a independencia brasileira.
Que pretendiam fazer os franceses?—Pretendiam conquistar o Brasil, mas fracassaram os seus planos.

Que planos tinham os paraguaios?—Queriam organizar seu país em forma republicana.
What plans did the people of Paraguay have? They wanted to organize their country under a republican form of government.
Que planos tinham os mineiros?—Queriam organizar o Brasil em forma republicana.
Que planos tinham os norte-americanos?—Queriam organizar seu país em forma republicana.
Que planos tinham os franceses?—Queriam organizar seu país em forma republicana.
Que planos tinham os conspiradores?—Queriam organizar seu país em forma republicana.

Fale alguma cousa a respeito da vida do Brasil independente.—Pois não. Com muito prazer.
Tell something about the life of Brazil as independent. Certainly. With pleasure.
Fale alguma cousa a respeito da vida dos brasileiros.—Pois não. Com muito prazer.
Fale alguma cousa a respeito da vida dos Estados Unidos.—Pois não. Com muito prazer.
Fale alguma cousa a respeito da vida dos portuguêses.—Pois não. Com muito prazer.
Fale alguma cousa a respeito da vida dos franceses do século dezesseis.—Pois não. Com muito prazer.

Você sabe o ano em que Dom Pedro Primeiro abdicou?—Sim. Mil oitocentos e trinta e um.
Do you know the year in which Dom Pedro I abdicated? Yes. 1831.
Você sabe o ano em que Dom Pedro Primeiro subiu ao trono?—Sim. Mil oitocentos e vinte e dois.
Você sabe o ano em que Dom Pedro Segundo subiu ao trono?—Sim. Mil oitocentos e quarenta.
Você sabe o ano em que o Brasil foi elevado à categoria de reino unido ao de Portugal?—Sim. Mil oitocentos e quinze.
Você sabe o ano em que os brasileiros proclamaram a República?—Sim. Mil oitocentos e oitenta e nove.

Quantos brasileiros houve na classe de mil novecentos e um?—Houve sòmente um.
How many Brazilians were there in the class of 1901? There was only one.
Quantos rapazes houve na classe de mil oitocentos e noventa e nove?—Houve vinte.
Quantos alunos houve na classe de mil novecentos e trinta e oito?—Houve duzentos.

Quantas moças houve na classe de mil novecentos e onze?—Houve sòmente cinco.
Quantos franceses houve na classe de mil novecentos e quarenta e um?—Houve sòmente dez.

Em vista de João ser ainda uma criança, não foi preciso pagar a passagem.

Since John was still a child, it was not necessary to pay his fare.

Em vista de Maria ser ainda uma criança, não foi preciso pagar a passagem.
Em vista de nós sermos ainda crianças, não foi preciso pagar as passagens.
Em vista de Carlos e Paulo serem ainda crianças, não foi preciso pagar as passagens.
Em vista de Olga ser ainda uma criança, não foi preciso pagar a passagem.

Em vista de Maria ser sempre preguiçosa, recebeu castigos de sua mãe.

Since Mary was always lazy, she received punishment from her mother.

Em vista dos rapazes serem conspiradores receberam terríveis castigos do govêrno.
Em vista de João ser uma criança, não recebeu castigos de seu professor.
Em vista de sermos crianças, não recebemos castigos de nosso pai.
Em vista de José ser bom aluno, não recebeu castigos de seu professor, como os outros alunos.

Quantos anos durou o reinado de Dom Pedro Primeiro?—Durou nove anos.

How many years did the reign of Dom Pedro I last? It lasted nine years.

Quantos anos durou a Regência?—Durou também nove anos.
Quantos anos durou o reinado de Dom Pedro Segundo?—Durou quarenta e nove anos.
Quantos anos durou a revolução norte-americana?—Durou oito anos.
Quantos anos durou a guerra?—Durou quatro anos.

Como incorporaram-se aos Estados Unidos os territórios explorados pelos franceses?—Incorporaram-se aos Estados Unidos por meio de tratados.

How were the territories explored by the French incorporated into the United States? They were incorporated into the United States by means of treaties.

Como incorporaram-se aos Estados Unidos os territórios explorados pelos espanhóis?—Incorporaram-se aos Estados Unidos por meio de tratados.
Como incorporaram-se aos Estados Unidos os territórios explorados pelos inglêses?—Incorporaram-se aos Estados Unidos por meio de tratados.
Como incorporaram-se ao Brasil os territórios explorados pelos Bandeirantes?—Incorporaram-se ao Brasil por meio de tratados.
Como incorporaram-se ao Brasil os territórios explorados pelos portuguêses?—Incorporaram-se ao Brasil por meio de tratados.

O Brasil alcançou grande progresso nestes cinqüenta anos de vida republicana, não é?—É, sim, senhor.

Brazil has made great progress in these fifty years of life as a republic, hasn't it? Yes, it has, sir.

Os Estados Unidos alcançaram grande progresso nestes cento e cinqüenta e seis anos de vida republicana, não é?—É, sim, senhor.
As nações do mundo alcançaram grande progresso nestes anos de vida moderna, não é?—É, sim, senhor.
Os países da América Latina alcançaram grande progresso nestes últimos anos, não é?—É, sim, senhor.
Muitas cidades americanas alcançaram grande progresso nestes últimos anos, não é?—É, muitas, senhor.

Que cidade do Brasil figura hoje entre as mais belas cidades do mundo?—Rio de Janeiro.
What city in Brazil stands today among the most beautiful cities of the world? Rio de Janeiro.
Que cidade dos Estados Unidos figura hoje entre as mais adiantadas cidades do mundo?—Nova York.
Que cidade do Brasil figura hoje entre os mais adiantados centros industriais do mundo?—São Paulo.
Que universidade de Portugal figura hoje entre as principais universidades do mundo?—A Universidade de Lisboa.
Que país da América do Sul figura hoje entre os maiores países do mundo?—O Brasil.

Fala-se inglês aquí?—Sim, senhor.
Is English spoken here? Yes, sir.
Fala-se português aquí?—Sim, senhor.
Fala-se francês aquí?—Sim, senhor.
Fala-se espanhol aquí?—Sim, senhor.
Fala-se italiano aquí?—Sim, senhor.
Fala-se alemão e inglês aquí?—Não, senhor, sòmente inglês.

Como se chamam os habitantes do Brasil?—Chamam-se brasileiros.
What are the inhabitants of Brazil called? They are called Brazilians.
Como se chamam os habitantes de Portugal?—Chamam-se portuguêses.
Como se chamam os habitantes dos Estados Unidos?—Chamam-se norte-americanos.
Como se chamam os habitantes de São Paulo?—Chamam-se paulistas.
Como se chamam os habitantes de Minas Gerais?—Chamam-se mineiros.
Como se chamam os habitantes do Rio de Janeiro?—Chamam-se cariocas.

Você me aprovaria com uma boa nota, se fôsse meu professor?—Creio que sim.
Would you pass me with a good mark, if you were my professor? I think so.
Vocês me aprovariam com boas notas, se fôssem meus professores?—Sim.
Você aprovaria João com uma boa nota, se fôsse seu professor?—Sim.
O senhor aprovaria Maria com uma boa nota, se fôsse seu professor?—Creio que sim.

GRAMMAR

The Roman numerals and Arabic numerals in parentheses refer to lessons and lines respectively.

PRONUNCIATION OF BRAZILIAN PORTUGUESE

1. The pronunciation of Brazilian Portuguese can best be learned by listening to a native. The phonograph records which accompany this book will give you that opportunity at any time and as often as you wish it. The sounds given below are only approximate but should prove useful as a guide in listening to the records.

	LETTER	NAME	APPROXIMATE SOUND
2.	**a**	**á**	When stressed, like *a* in *father*. When nasalized, that is, when followed and sometimes when preceded by **m** or **n,** or when written with the til, thus **ã,** it has a sound somewhat like the *a* in *hat* or the *e* in *met*. In the verb ending **-am** it has the same sound as the diphthong **ão.** See section **37** below.
3.	**b**	**bê**	Like English *b*.
4.	**c**	**cê**	When followed by **e** or **i,** or when written with a cedilla, thus **ç,** like *c* in *cent*. Otherwise, like English *k*.
5.	**d**	**dê**	Generally like English *d*. Before **i** and before **e** with the sound of Portuguese **i,** it has in the colloquial speech of Rio de Janeiro the sound of *s* in *pleasure*.
6.	**e**	**é**	When stressed, it has two sounds: an open sound like *e* in *met* and a close sound like *e* in *they* (without the sound of the *y*). When unstressed and particularly in the final position, like *y* in *pretty*.
7.	**f**	**éfe**	Like English *f*.
8.	**g**	**gê**	When followed by **e** or **i,** like *s* in *pleasure*. Otherwise, like *g* in *go*.
9.	**h**	**agá**	Always silent. However, it enters into the formation of the following combinations: **ch, lh,** and **nh**. See sections **25, 26,** and **27** below.
10.	**i**	**i**	Like *i* in *machine*.
11.	**j**	**jota**	Like *s* in *pleasure*.

	LETTER	NAME	APPROXIMATE SOUND
12.	l	éle	Generally like English *l*. At the end of a word or syllable, like *l* in *old*.
13.	m	éme	At the beginning of a word and between two vowels, like English *m*. At the same time it imparts a nasal resonance to the preceding vowel, and sometimes to the following vowel. At the end of a word or syllable, it has no consonantal value but merely imparts a nasal resonance to the preceding vowel.
14.	n	éne	At the beginning of a word and between two vowels, like English *n*. At the same time it imparts a nasal resonance to the preceding vowel, and sometimes to the following vowel. At the end of a syllable, it has no consonantal value but merely imparts a nasal resonance to the preceding vowel. It rarely occurs at the end of a word.
15.	o	ó	When stressed, it has two sounds: an open sound like *o* in *order* and a close sound like *o* in *note*. When unstressed and particularly in the final position, like *u* in *rule*. The article and pronoun **o** is generally pronounced like *u* in *rule*.
16.	p	pê	Like English *p*.
17.	q	quê	Like English *k*. See section **21** below.
18.	r	érre	Pronounced with a trill or roll of the tongue. It also has a sound somewhat like a strong English *h*.
19.	s	ésse	When initial, after a consonant, before an unvoiced consonant, written double, or final, like *s* in *sing*. Between two vowels or before a voiced consonant, like English *z*. In Rio de Janeiro, it sometimes has, when before an unvoiced consonant or when final, a sound somewhat like *sh* in *shall*, and before a voiced consonant, a sound somewhat like *s* in *pleasure*. See section **42** below.
20.	t	tê	Generally like English *t*. Before **i** and before **e** with the sound of Portuguese **i**, it has in the colloquial speech of Rio de Janeiro the sound of *ch* in *much*.
21.	u	u	Like *u* in *rule*. Generally silent in **gue, gui, que,** and **qui** except when written with a dieresis, e.g., **cinqüenta.**

	LETTER	NAME	APPROXIMATE SOUND
22.	v	vê	Like English *v*.
23.	x	xis (shees)	Generally like *sh* in *shall*. In the prefix **ex** followed by a vowel, like English *z*. In some words it has the sound of English *ss*.
24.	z	zê	When initial or between two vowels, like English *z*. When final, like *s* in *sing*. In Rio de Janeiro, it sometimes has, when final, a sound somewhat like *sh* in *shall*. See section **42** below.

	GROUP OF LETTERS	APPROXIMATE SOUND
25.	ch	Like *sh* in *shall*.
26.	lh	Like *li* in *William*.
27.	nh	Like *ni* in *onion*.

	DIPHTHONG	APPROXIMATE SOUND
28.	ai	Like *i* in *ice*.
29.	éi	Like **ei** below, but with the sound of open *e* (*e* in *met*).
30.	ei	Like *ey* in *they*.
31.	ói	Like *oy* in *boy*.
32.	oi	Like **ói** above, but with the sound of close *o* (*o* in *note*).
33.	au	Like *ow* in *cow*.
34.	éu	Like *e* in *met* followed by *w*.
35.	eu	Like *e* in *they* followed by *w*.
36.	ou	Like *o* in *note*.
37.	ão	Like *ow* in *cow* with a nasal resonance.
38.	ãe	Like *ey* in *they* with a nasal resonance.
39.	õe	Like **oi** (section **32** above) with a nasal resonance.

ELISION

40. If the initial vowel of a word is the same as the final vowel of the preceding word, the two vowels are often pronounced as a single vowel, e.g., **José gosta de estudar?** (II, 12); **convido-o** (VII, 41).
41. If one or both of the vowels elided is nasal, the resultant combination will be nasal, e.g., **com o professor** (II, 6).

LIAISON

42. It is pointed out above (sections **19** and **24**) that the pronunciation of final **s** and final **z** is similar to *s* in *sing*. However, if there is no pause between final **s** or final **z** and the following word, the pronunciation of final **s** and final **z** will vary according to the nature of the sound with which the following word begins.

(a) If the following word begins with an unvoiced consonant (hard **c** [k], **f**, **p**, **q**, or **t**), final **s** and final **z** are pronounced like *s* in *sing*. And sometimes in Rio de Janeiro like *sh* in *shall*.

(b) If the following word begins with a voiced consonant (**b**, **d**, hard **g** as in *go*, **l**, **m**, **n**, or **r**), final **s** and final **z** are pronounced like English *z*. And sometimes in Rio de Janeiro like *s* in *pleasure*.

(c) If the following word begins with **s**, **z**, **ch**, **j**, soft **g** as in *gin*, or **x** (like *sh* in *shall*), final **s** and final **z** are generally not pronounced at all.

(d) If the following word begins with a vowel (**a**, **e**, **i**, **o**, or **u**), final **s** and final **z** are pronounced like English *z*.

ADDED SOUNDS

43. The sound of *i* in *machine* is added to words ending in **k** or **b**, e.g., **Nova York** (I, 24); **sob** (XIV, 50 and 55).

44. The sound of *i* is often inserted between **b** and **t** or **d**, e.g., **obter** (XIV, 30); **abdicou** (XIV, 51).

ACCENTUATION

45. (a) Words ending in a vowel, in **-s**, or in **-am**, **-em**, or **-ens** are stressed on the syllable next to the last.

(b) Words ending in **-l**, **-r**, **-z**, **-im**, **-ins**, **-um**, or **-uns** are stressed on the last syllable.

(c) If the stress does not fall in accordance with one or the other of these two rules, it must be indicated by a written accent.

ACCENT MARKS

46. Two accent marks are used in Portuguese on stressed syllables, the acute and the circumflex. Only the acute accent mark is used on **i** and **u**. Either the acute or the circumflex accent mark is used on **a**, **e**, and **o**, the acute to indicate the open vowel, the circumflex to indicate the close vowel. That is, if a written accent mark must be used on **a**, **e** , or **o** in accordance with section **45** c above or section **47** below, it must be the acute or the circumflex to correspond with the quality of the vowel. Thus the written accent marks on **a**, **e**, and **o** show that they are pronounced as follows:

á = open *a* in *father*
â = close *a* (a sound between *a* in *hat* and *e* in *met*)
é = open *e* in *met*
ê = close *e* in *they* (without the sound of *y*)
ó = open *o* in *order*
ô = close *o* in *note*

47. The acute and the circumflex accent marks are written on all words of one syllable ending in **a, e, o, as, es,** and **os.**

48. The circumflex accent mark is written on words with stressed close **e** or **o** to distinguish them from other similarly spelled words with stressed open **e** or **o.**

49. The grave accent mark has very limited use in Brazilian Portuguese. Its commonest use is to distinguish such words as **à** and **às** *to the* from **a** and **as** *the*, and **àquele** *to that* from **aquêle** *that.*

DEFINITE ARTICLE

50. There are two genders in Portuguese, masculine and feminine. Nouns ending in **o** or **u** are generally masculine while nouns ending in **a** are generally feminine. The definite article (*the*) agrees in gender and number with the noun it modifies. For example, because **livro** *book* is masculine, to say *the book* in Portuguese you must say **o livro;** and because **língua** *language* is feminine, to say *the language* in Portuguese you must say **a língua.** Similarly, *the books* is **os livros** and *the languages* is **as línguas.**

51. The forms of the definite article are

	SINGULAR	PLURAL
masculine	**o**	**os**
feminine	**a**	**as**

52. The definite article combines with the preposition **a** *to* as follows

a + o: ao	**a + os: aos**
a + a: à	**a + as: às**

53. The definite article combines with the preposition **de** *of, from* as follows

de + o: do	**de + os: dos**
de + a: da	**de + as: das**

54. The definite article combines with the preposition **em** *in, into* as follows

em + o: no	**em + os: nos**
em + a: na	**em + as: nas**

55. The definite article combines with the preposition **por** *by* as follows

por + o: pelo	**por + os: pelos**
por + a: pela	**por + as: pelas**

PLURAL OF NOUNS

56. Nouns ending in a vowel form their plural by adding **s.**

livro *book*	**livros** *books*
língua *language*	**línguas** *languages*
maçã *apple*	**maçãs** *apples*

57. Nouns ending in a consonant (**r, s,** or **z**) form their plural by adding **es.**

senhor *gentleman*	**senhores** *gentlemen*
mês *month*	**meses** *months*
vez *time*	**vêzes** *times*

58. Nouns ending in **ão** form their plural in three ways: **ãos, ões,** and **ães.**

irmão *brother*	**irmãos** *brothers*
lição *lesson*	**lições** *lessons*
pão *loaf of bread*	**pães** *loaves of bread*

59. Nouns ending in **m** form their plural by changing the **m** to **n** and adding **s.**

jardim *garden*	**jardins** *gardens*

60. Nouns ending in **l** for their plural by dropping the **l** and adding **is.**

animal *animal*	**animais** *animals*
jornal *newspaper*	**jornais** *newspapers*
hotel *hotel*	**hotéis** *hotels*

61. Some nouns are used in the plural while their English equivalents are used in the singular: **informações** (IX, 27) *information;* **férias** (XI, 41) *vacation;* **frutas** (XII, 2) *fruit;* **meiados** (XIV, 19) *middle;* **castigos** (XIV, 38) *punishment.*

FEMININE OF ADJECTIVES

62. Adjectives generally follow the noun they modify, e.g., **a língua italiana** (II, 1). They agree in gender with the noun they modify, e.g., **João é aplicado** *John is studious* and **Maria é aplicada** *Mary is studious.*

63. Adjectives ending in **o** form their feminine by changing the **o** to **a.**

aplicado	*studious*	**aplicada**

64. The close accented **o** (like *o* in *note*) of some adjectives ending in **o** becomes open (like *o* in *order*) when final **o** is changed to **a.** This is not shown in spelling.

preguiçoso	*lazy*	**preguiçosa**

65. The close accented **o** of some adjectives does not change in the feminine.

todo	*all*	**tôda**

66. Adjectives ending in **ão** form their feminine by changing **ão** to **ã.**

alemão	*German*	**alemã**

67. Adjectives ending in **e** do not change in the feminine.

quente	*hot*	**quente**

68. Adjectives ending in a consonant generally do not change in the feminine.

fácil	*easy*	**fácil**
feliz	*happy*	**feliz**

69. Adjectives of nationality ending in a consonant add **a** to form their feminine.

português	*Portuguese*	**portuguêsa**
espanhol	*Spanish*	**espanhola**

70. The feminine of some adjectives is irregular.

bom	*good*	**boa**
mau	*bad*	**má**

PLURAL OF ADJECTIVES

71. Adjectives agree in number with the noun they modify. Thus we say **bonito jardim** *pretty garden* and **bonitos jardins** *pretty gardens.*

72. Adjectives ending in a vowel form their plural by adding **s.**

bonito	*pretty*	**bonitos**

73. The close accented **o** (like *o* in *note*) of some adjectives ending in **o** becomes open (like *o* in *order*) when the **s** of the plural is added.

preguiçoso	*lazy*	**preguiçosos**

This **o** is open in the feminine singular and plural. See section **64** above.

74. The close accented **o** of those adjectives in which the **o** does not change in the feminine (section **65** above) does not change in the plural.

todo	*all*	**todos**

75. The plural of adjectives ending in a consonant (**r, s,** or **z**) is formed by adding **es.**

português	*Portuguese*	**portuguêses**
feliz	*happy*	**felizes**

76. Adjectives ending in **l** form their plural by dropping **l** and adding **is.**

espanhol	*Spanish*	**espanhóis**
terrível	*terrible*	**terríveis**

If unaccented **i** precedes the final **l,** this **i** becomes **e** in the plural.

fácil	*easy*	**fáceis**

COMPARISON

77. The comparative of adjectives and adverbs is formed by placing **mais** *more* before the simple form, e.g., **mais devagar** (II, 38) *more slowly;* **mais tarde** (VI, 56) *later;* **mais compridas** (XI, 42) *longer.* The comparative of a few adjectives is irregular: **grande** *large,* **maior** *larger;* **pequeno** *small,* **menor** *smaller;* **bom** *good* and **bem** *well,* **melhor** *better;* **mau** *bad* and **mal** *badly, poorly,* **pior** *worse.*

78. The superlative is the same in form as the comparative. In both Portuguese and English it is regularly preceded by the definite article or a possessive adjective.

o maior país independente (XIII, 5)	*the largest independent country*
a mais bela cidade do mundo (XIII, 35)	*the most beautiful city in the world*
o maior centro industrial (XIII, 36)	*the greatest industrial center*
as maiores reservas (XIII, 51)	*the largest reserves*
as mais adiantadas nações do Novo Mundo (XIV, 63)	*the most advanced nations of the New World*

The definite article and the adjective are separated when the adjective follows the noun.

uma das cidades mais novas e progressivas da América (XIII, 45)	*one of the youngest and most progressive cities in America*

INTENSIVE FORMS OF ADJECTIVES

79. The intensification of an adjective, expressed in English with the word *too*, is sometimes expressed in Portuguese by **muito** *very* and sometimes simply understood.

Êste chapéu de verão . . . é muito grande para mim (VIII, 22)	*This summer hat . . . is too large for me*
está largo e comprido (XI, 11)	*it is too full and long*
Está caro (XI, 24)	*That's too expensive*
ficará largo (XI, 37)	*it will be too full*

80. The ending **-íssimo -a** is equivalent to English *very* + the adjective, e.g., **caríssimo** (XI, 28) *very expensive;* **elegantíssimo** (XI, 54) *very chic.* The corresponding form of **bom** is irregular, namely, **ótimo** (X, 68; XI, 18) *very good, excellent.*

DEMONSTRATIVE ADJECTIVES AND PRONOUNS

81. The forms of the demonstrative adjectives and pronouns are

	SINGULAR		PLURAL	
masculine	**êste**	*this, this one*	**êstes**	*these*
feminine	**esta**		**estas**	
masculine	**êsse**	*that, that one*	**êsses**	*those*
feminine	**essa**		**essas**	
masculine	**aquêle**	*that, that one*	**aquêles**	*those*
feminine	**aquela**		**aquelas**	

82. Note that the accented **e** of all these words is close (like *e* in *they*) in the masculine forms and open (like *e* in *met*) in the feminine forms.

83. Both **êsse** and **aquêle** mean *that.* But **êsse** refers to a person or thing near the person spoken to, while **aquêle** refers to a person or thing remote from both the speaker and the person or thing spoken to. Similarly in a figurative sense, **êsse** refers to what the person spoken to is interested or involved in while **aquêle** refers to something more or less dissociated from the speaker and the person spoken to.

84. The following forms are used only as indefinite demonstrative pronouns. They do not stand for nouns but rather for previous statements, e.g., **Isso é verdade** *That is true* (IV, 43).

isto *this* **isso** *that* **aquilo** *that*

85. The demonstrative adjectives and pronouns combine with the preposition **de** as follows:

dêste **desta**	**dêstes** **destas**	**disto**
dêsse **dessa**	**dêsses** **dessas**	**disso**
daquele **daquela**	**daqueles** **daquelas**	**daquilo**

86. The demonstrative adjectives and pronouns combine with the preposition **em** as follows:

neste **nesta**	**nestes** **nestas**	**nisto**
nesse **nessa**	**nesses** **nessas**	**nisso**
naquele **naquela**	**naqueles** **naquelas**	**naquilo**

POSSESSIVE ADJECTIVES AND PRONOUNS

87. The forms of the possessive adjectives and pronouns are

	singular		plural
masculine feminine	**meu** **minha**	*my, mine*	**meus** **minhas**
masculine feminine	**nosso** **nossa**	*our*	**nossos** **nossas**
masculine feminine	**seu** **sua**	*his, her, hers, your,* *yours, their, theirs*	**seus** **suas**

88. The possessive adjectives and pronouns agree in gender and number with the thing possessed and not with the possessor. Thus we say **Êste jardim é meu** *this garden is mine* (V, 50), using **meu** because **jardim** is masculine; and **esta casa é minha** *this house is mine* (V, 51), using **minha** because **casa** is feminine.

89. The words **seu** and **sua** are commonly second person forms meaning *your*. Note that as third person forms **seu** means both *his* and *her* and **sua** means both *his* and *her*, **seu** being used to modify a masculine noun and **sua** to modify a feminine noun, e.g., **êste relógio é seu** *this watch is his* (or *hers*) but **esta cama é sua** *this bed is his* (or *hers*).

90. Because of the ambiguity of **seu** and **sua,** they are sometimes replaced by **de** + one of the pronouns used as object of a preposition. See section **97** below.

Se os amigos de meu marido medissem a amizade dêle (XII, 45)	*If my husband's friends measured his friendship*

If **sua amizade** were used, it might be misunderstood to mean *their friendship.*

91. Sometimes but not generally, the definite article is used in Brazilian Portuguese with possessive adjectives, e.g., **pelo seu relógio** *by your watch* (V, 33); **No seu país** (VII, 58) *in your country* but **Em seu país** (VII, 63) *in your country.*

PERSONAL PRONOUNS

92. The subject personal pronouns are

eu *I*	**nós** *we*
você / **o senhor,** etc. } *you* (sg.)	**vocês** / **os senhores,** etc. } *you* (pl.)
êle *he, it*	**êles** *they* (masculine)
ela *she, it*	**elas** *they* (feminine)

93. The forms of **você** and **o senhor** are used almost as frequently as *you* is used in English. The other subject pronouns are used for emphasis, contrast, and to avoid ambiguity.

Êle diz que é meio-dia. E ela diz que é uma (V, 5)	*He says that it is twelve o'clock. And she says that it is one o'clock*
Nós partimos mas êles ficam (V, 13)	*We are leaving but they are staying*

94. The forms of **o senhor** are less familiar than **você.** The feminine of **o senhor** is **a senhora.** To a young unmarried lady we may say either **a senhora** or **a senhorita.**

95. In Brazil it is customary to address a man with the word **senhor** and a woman with the word **dona** followed by the first name rather than the surname or family name. This is done without any feeling of familiarity or intimacy. And in colloquial speech **senhor** before the first name is generally shortened to **seu.** Thus José Oliveira is addressed as **seu José** (VI, 24) in Portuguese but as *Mr. Oliveira* in English. And Maria Mendes is addressed as **dona Maria** (VI, 25) in Portuguese and *Mrs. Mendes* in English.

The words **senhor** and **dona** may be replaced by some other title. Thus Dr. Carlos Lemos is addressed as **doutor Carlos** (XII, 30) in Portuguese but as *Dr. Lemos* in English.

96. The pronouns used as object of a preposition are

mim *me*	**nós** *us*
você / **o senhor,** etc. } *you*	**vocês** / **os senhores,** etc. } *you* (pl.)
êle *him, it*	**êles** *them* (masculine)
ela *her, it*	**elas** *them* (feminine)

si *himself, herself, yourself, yourselves, themselves*

97. The forms of the third person of these pronouns combine with the preposition **de** as follows

de + êle: dêle	**de + êles: dêles**
de + ela: dela	**de + elas: delas**

98. The preposition **com** cannot be used with **mim, nós,** and **si.** Instead of these combinations we must use **comigo** *with me,* **conosco** *with us,* and **consigo** *with himself, with herself, with yourself,* etc.

99. The pronouns used as object of a verb are

me *me, to me*	**nos** *us, to us*
o *him, you, it*	**os** {*them* (masculine) / *you* (masculine plural)}
a *her, you, it*	**as** {*them* (feminine) / *you* (feminine plural)}
lhe *to him, to her, to you, to it*	**lhes** *to them, to you* (pl.)

100. The pronouns used as object of a verb may precede or follow the verb. They must, however, precede the verb in negative sentences, in interrogative sentences introduced by interrogative pronouns or adverbs, and in dependent clauses.

Trago-lhe pão (III, 32)	*I am bringing you bread*
Ainda não a vi (VII, 21)	*I didn't see it yet*
e não os abrí até agora (VII, 30)	*and up to now I haven't opened them*
conforme já lhe disse (VIII, 1)	*as I told you*

101. It is always safe to place these pronouns before the verb unless this position would make them the first word in the sentence. They should generally not be placed as the first word in the sentence. Accordingly, if in the sentence **êle me deu dois bilhetes** (VII, 24) *he gave me two tickets*, the word **êle** were dropped, it would be necessary to say **deu-me dois bilhetes.**

However, in colloquial Brazilian, when the indicative is used to express a command (see section **134**), the pronoun usually comes before the verb, e.g., **me dá** *give me.*

102. The direct object pronoun is often omitted.

Você fala espanhol, não é?	*You speak Spanish, do you not?*
Falo, sim (I, 13)	*Yes, I speak (it)*
E João tambem não fala (I, 17)	*And John does not speak it either*
Êles também não têm (VIII, 62)	*They don't have it either*

103. When the pronouns used as object of a verb follow the verb, they are attached to it by a hyphen.

104. The pronouns **o, a, os,** and **as** change to **-lo, -la, -los,** and **-las** respectively when attached to verb forms ending in **r** (infinitive) and **s** (first plural); and the **r** and the **s** of the verb forms drop.

mas tenho vontade de vê-la (for **ver** + **a**) (VII, 22)	*but I am anxious to see it*
não vou estudá-las (for **estudar** + **as**) (VII, 28)	*I am not going to study them*
Vemo-lo (for **vemos** + **o**) (VII, 6)	*We see it*

105. The pronouns used as object of the verb may not be placed after the future indicative or the conditional. They must either be placed before these tenses, if this position does not make them the first word in the sentence (section **101**), e.g., **eu lhe mostrarei** *I shall show you*, or between the two parts of the verb, that is, between the infinitive (sections **159** and **162**) and the ending.

mostrar-lhe-ei (XI, 58)	*I shall show you*

106. The pronouns **o, a, os,** and **as** change to **-no, -na, -nos,** and **-nas** respectively when attached to verb forms ending in **m** and **ão** (third plural).

Vêem-no (for **vêem + o**) (VII, 9) — *They see it*
Viram-no (for **viram + o**) (VII, 18) — *They saw it*
preparam-no (for **preparam + o**) (VII, 46) — *they prepare it*

REFLEXIVE PRONOUNS

107. The reflexive pronouns are

me *myself, to myself*

se { *himself, to himself* / *herself, to herself* / *itself, to itself* / *yourself, to yourself* }

nos *ourselves, to ourselves*

se { *themselves, to themselves* / *yourselves, to yourselves* }

108. The position of reflexive pronouns is the same as that of other pronouns used as object of the verb. See sections **100, 101,** and **105**.

Lembro-me de que . . . (VIII, 13) — *I remember that . . .*
porque me esquecí de meu dinheiro (VIII, 18) — *because I forgot my money*
Hospedar-me-ei no Hotel Santos (IX, 38) — *I shall stop at the Hotel Santos*

109. When the reflexive pronoun **nos** is attached to the first plural, the final **s** of the verb form falls.

esqueçamo-nos (for **esqueçamos + nos**) **das frutas** (XII, 15) — *let's forget the fruit*

110. The plural of the reflexive construction sometimes has reciprocal force. The reflexive pronouns **nos** and **se** (pl.) then mean *each other.*

nós nos encontrávamos todos os dias (VIII, 5) — *we met each other every day*
a razão por que vocês não se encontram (VIII, 12) — *the reason why you don't meet each other*

111. The reflexive construction is less used in Portuguese than in other Romance languages.

para sentar conosco (VII, 36) — *in order to sit with us*
Se o senhor deseja lavar as mãos (XII, 53) — *If you wish to wash your hands*

INTERROGATIVE ADJECTIVES AND PRONOUNS

112. The word *what?* is expressed in Portuguese in the following ways:

(a) **que** before a noun
Que língua você fala? (I, 39) — *What language do you speak?*

(b) **o que** before the verb **ser** to ask for a definition
O que é um cachorro? (IV, 10) — *What is a dog?*

(c) **qual** (pl.: **quais**) before the verb **ser** to ask for a name (one out of several) or for a series of names
Qual é o primeiro dia da semana? (IV, 29) — *What is the first day of the week?*

Quais são os dias da semana (IV, 31) — *What are the days of the week?*

(d) **o que** before other verbs

O que ensina o professor? (II, 29) — *What does the professor teach?*

O que você deseja tomar para o café da manhã (III, 51) — *What do you want for breakfast?*

113. The words *who?* and *whom?* are expressed in Portuguese in the following ways:

(a) **quem** as subject or object of a verb

Quem mora em Lisboa? (I, 42) — *Who lives in Lisbon?*

(b) **quem** as object of a preposition

Com quem você deseja falar português? (I, 44) — *With whom do you wish to speak Portuguese?*

(c) **qual** (pl.: **quais**) before the verb **ser** to ask for a name (one out of several) or for a series of names

Qual é o aluno mais aplicado da escola? — *Who is the most studious pupil in the school?*

114. The word *whose?* is expressed by **de quem?**

De quem é o journal? (II, 27) — *Whose newspaper is that?*

RELATIVE PRONOUNS

115. The relative pronouns *that* and *which* are most commonly expressed in Portuguese by **que.**

que lhe vou emprestar (VI, 67) — *that I'll lend you*

em que estava (VIII, 9) — *that he was in*

que quis comprar (VIII, 16) — *that I wanted to buy*

116. Sometimes the relative pronouns *that* and *which* are expressed by **o qual (a qual, os quais, as quais)**, which agrees in gender and number with its antecedent.

porque dei há um mês um par a minha espôsa, o qual ainda não rasgou (VI, 45) — *because I gave a pair to my wife a month ago, a pair which are not yet torn*

The fact that **o qual** is masculine shows that it refers back to **um par** (which is masculine) and not to **a espôsa** (which is feminine).

a bela cidade das montanhas de Minas Gerais, da qual todos nos orgulhamos (XIII, 43) — *the beautiful city of the mountains of Minas Gerais, that we are all proud of*

The fact that **da qual** is feminine singular shows that it refers back to **cidade** and not to **montanhas** or **Minas Gerais.**

117. The relative pronoun *what* in the sense of *that which* is expressed in Portuguese by **o que** (invariable).

São exatamente o que desejo (VI, 47) — *They are exactly what I want*

118. The relative pronoun *whom* (and *to whom*) is often expressed by **a quem.**

meu velho colega de escola, a quem você já conhece muito de nome (XII, 27) — *my old school friend, whom you already know well by name*

CARDINAL NUMERALS

119.

1	**um, uma**	*19*	**dezenove**	*90*	**noventa**
2	**dois, duas**	*20*	**vinte**	*100*	**cem**
3	**três**	*21*	**vinte e um (uma)**	*101*	**cento e um (uma)**
4	**quatro**	*22*	**vinte e dois (duas)**	*199*	**cento e noventa e nove**
5	**cinco**	*23*	**vinte e três**	*200*	**duzentos -as**
6	**seis**	*24*	**vinte e quatro**	*300*	**trezentos -as**
7	**sete**	*25*	**vinte e cinco**	*400*	**quatrocentos -as**
8	**oito**	*26*	**vinte e seis**	*500*	**quinhentos -as**
9	**nove**	*27*	**vinte e sete**	*600*	**seiscentos -as**
0	**dez**	*28*	**vinte e oito**	*700*	**setecentos -as**
1	**onze**	*29*	**vinte e nove**	*800*	**oitocentos**
12	**doze**	*30*	**trinta**	*900*	**novecentos**
13	**treze**	*31*	**trinta e um (uma)**	*1,000*	**mil**
14	**quatorze**	*40*	**quarenta**	*1,001*	**mil e um (uma)**
15	**quinze**	*50*	**cinqüenta**	*2,000*	**dois mil**
16	**dezesseis**	*60*	**sessenta**	*100,000*	**cem mil**
17	**dezessete**	*70*	**setenta**	*1,000,000*	**um milhão**
18	**dezoito**	*80*	**oitenta**	*2,000,000*	**dois milhoes**

120. The conjunction **e** *and* is placed between all separately written components of compound numbers from **21** to **999** inclusive.

oito milhões quinhentos e onze mil *8,511,189*
cento e oitenta e nove (XIII, 9)

121. Note that **um** and **dois** have the feminine forms **uma** and **duas** and that these feminine form recur in **21, 22, 31, 32, 41, 42,** etc.

ORDINAL NUMERALS

122.

first	**primeiro -a**	*eleventh*	**décimo -a primeiro -a**
second	**segundo -a**	*twelfth*	**décimo -a segundo -a**
third	**terceiro -a**	*thirteenth*	**décimo -a terceiro -a**
fourth	**quarto -a**	*fourteenth*	**décimo -a quarto -a**
fifth	**quinto -a**	*fifteenth*	**décimo -a quinto -a**
sixth	**sexto -a**	*sixteenth*	**décimo -a sexto -a**
seventh	**sétimo -a**	*seventeenth*	**décimo -a sétimo -a**
eighth	**oitavo -a**	*eighteenth*	**décimo -a oitavo -a**
ninth	**nono -a**	*nineteenth*	**décimo -a nono -a**
tenth	**décimo -a**	*twentieth*	**vigésimo -a**

In the names of kings the ordinals are used only up to **décimo** *tenth.*

CONJUGATIONS

123. There are three conjugations in Portuguese and they are indicated by the ending of the infinitive: **-ar** for the first conjugation, **-er** for the second, and **-ir** for the third.

PRESENT INDICATIVE

124. The present indicative of verbs of the first conjugation is exemplified below by the present tense of **falar** *to speak*. In order to show the endings clearly they are separated from the rest of the verb by a hyphen.

fal-ar *to speak*

fal-o	*I speak*	**fal-amos**	*we speak*
fal-a	*he, she, or it speaks*	**fal-am**	*they speak*

The corresponding forms of any other verb of the first conjugation may be made by dropping the **-ar** of the infinitive and adding these endings, e.g., **estud-ar** *to study;* **estud-o** *I study;* **estud-a** *he studies*, etc. The verbs **desejar, gostar, morar,** and **trabalhar** are conjugated in the same way.

Note that the pronouns for *I*, *he*, etc. do not have to be expressed, because the endings themselves indicate the subject. Thus by means of the ending **-o** we know that **falo** means *I speak*. However, as there is no special verb form in current use to correspond to the pronoun **você** *you* (pl.: **vocês** *you*), we have to use these pronouns with **fala** and **falam** (pl.). Accordingly, while **fala** means *he speaks* or *she speaks*, **você fala** means *you speak*. And while **falam** means *they speak*, **vocês falam** means *you* (pl.) *speak*. See section **93.**

125. In order to ask a question or to make a verb negative in English, we use forms of the verb *to do*, e.g., *do you speak?*; *I do not speak*. In Portuguese the word corresponding to English *do* is not used in this way. Questions are put in the same form as statements. **Falo** means, therefore, *I speak* or *do I speak?*; **você fala** means *you speak* or *do you speak?* And the negative is made by simply putting **não** before the verb, e.g., **falo** *I speak;* **não falo** *I do not speak.*

Similarly, if we wish to answer a question in Portuguese with a verb, we must repeat the verb of the question, e.g., **Você fala português? Falo.** *Do you speak Portuguese? I do.*

126. The present indicative of verbs of the second conjugation is exemplified below by the present tense of **comer** *to eat.*

com-er *to eat*

com-o	*I eat*	**com-emos**	*we eat*
com-e	*he, she,* or *it eats*	**com-em**	*they eat*

127. The **c** of verbs ending in **-cer** is changed to **ç** before the **o** of the first person singular.

conhec-er *to know*

conheç-o	*I know*	**conhec-emos**	*we know*
conhec-e	*he, she,* or *it knows*	**conhec-em**	*they know*

128. The present indicative of verbs of the third conjugation is exemplified below by the present tense of **partir** *to leave.*

part-ir *to leave*

part-o	*I leave*	**part-imos**	*we leave*
part-e	*he, she,* or *it leaves*	**part-em**	*they leave*

129. The ending of the third person singular of verbs whose stem ends in a vowel is **i** instead of **e.**

possu-ir *to possess*

possu-o	*I possess*	**possu-imos**	*we possess*
possu-i	*he, she,* or *it possesses*	**possu-em**	*they possess*

130. If the root vowel of a verb of the third conjugation is **e**, it generally changes to **i** in the first person singular.

prefer-ir *to prefer*	**sent-ir** *to be sorry*	**seguir** *to follow*
prefir-o	**sint-o**	**sig-o**
prefer-e	**sent-e**	**segu-e**
prefer-imos	**sent-imos**	**segu-imos**
prefer-em	**sent-em**	**segu-em**

The verbs **servir, sugerir,** and **vestir** are conjugated in the same way. Note that the verb **seguir** has the additional irregularity in spelling of dropping the **u** in the form in which **e** changes to **i.**

131. If the root vowel of a verb of the third conjugation is **u,** it generally changes to **o** in the third singular and third plural.

sub-ir *to go up*

sub-o	**sub-imos**
sob-e	**sob-em**

132. The present indicative of some verbs is irregular in one or more forms.

crer *to believe*	**dar** *to give*	**dizer** *to say*	**estar** *to be*
creio	**dou**	**digo**	**estou**
crê	**dá**	**diz**	**está**
cremos	**damos**	**dizemos**	**estamos**
crêem	**dão**	**dizem**	**estão**
fazer *to do, to make*	**ir** *to go*	**ler** *to read*	**ouvir** *to hear*
faço	**vou**	**leio**	**ouço**
faz	**vai**	**lê**	**ouve**
fazemos	**vamos**	**lemos**	**ouvimos**
fazem	**vão**	**lêem**	**ouvem**
pedir *to ask*	**poder** *to be able*	**pôr** *to put*	**querer** *to wish*
peço	**posso**	**ponho**	**quero**
pede	**pode**	**põe**	**quer**
pedimos	**podemos**	**pomos**	**queremos**
pedem	**podem**	**põem**	**querem**
saber *to know*	**sair** *to go out*	**ser** *to be*	**ter** *to have*
sei	**saio**	**sou**	**tenho**
sabe	**sai** (see section 129)	**é**	**tem**
sabemos	**saímos**	**somos**	**temos**
sabem	**saem**	**são**	**têm**
trazer *to bring*	**valer** *to be worth*	**ver** *to see*	**vir** *to come*
trago	**valho**	**vejo**	**venho**
traz	**vale**	**vê**	**vem**
trazemos	**valemos**	**vemos**	**vimos**
trazem	**valem**	**vêem**	**vêm**

133. The present indicative is often used in Portuguese with the force of a vivid future.

Fico com os quatro metros (VI, 34)	*I'll take the four meters*
A senhora paga mais tarde (VI, 56)	*You can pay later*
Termino dentro de dez minutos (VIII, 40)	*I shall be through in ten minutes*
deixo minhas malas aquí (IX, 68)	*I shall leave my bags here*
Não faz um abatimento? (XI, 24)	*Won't you give me a reduction?*
Dou-lhe um conselho (XI, 48)	*I am going to give you a piece of advice*

COMMANDS

134. Special forms of verbs are used in giving a command or order. These forms are made by dropping the **-o** of the present indicative and adding **-e** (singular) and **-em** (plural) for verbs of the first conjugation and **-a** (singular) and **-am** (plural) for verbs of the second and third conjugations. See section **185.**

fal-o	*I speak*	**com-o**	*I eat*	**part-o**	*I leave*
fal-e	*speak*	**com-a**	*eat*	**part-a**	*leave*
fal-em	*speak*	**com-am**	*eat*	**part-am**	*leave*

The difference between, for example, **fale** and **falem** is that **fale** is addressed to one person and **falem** to more than one person.

In colloquial Brazilian the indicative is often used instead of the above forms, e.g., **me dá** *give me*, instead of **dê-me.**

135. The command forms of verbs of the first conjugation whose stem ends in **c** are made by changing this **c** to **qu** and adding the endings **-e** and **-em.** See section **165.**

indic-ar *to indicate*
indic-o
indiqu-e
indiqu-em

136. The command forms of irregular verbs are made in the same way as those of regular verbs.

dizer *to say*	**fazer** *to do*	**pedir** *to ask*	**servir** *to serve*
dig-o	**faç-o**	**peç-o**	**sirv-o**
dig-a	**faç-a**	**peç-a**	**sirv-a**
dig-am	**faç-am**	**peç-am**	**sirv-am**

ter *to have*	**trazer** *to bring*
tenh-o	**trag-o**
tenh-a	**trag-a**
tenh-am	**trag-am**

137. The command forms of a few irregular verbs cannot be made in this way.

dar *to give*	**estar** *to be*	**ser** *to be*	**ir** *to go*
dou *I give*	**estou** *I am*	**sou** *I am*	**vou** *I go*
dê	**esteja**	**seja**	**vá**
dêem	**estejam**	**sejam**	**vão**

SER AND ESTAR

138. There are two verbs in Portuguese which mean *to be:* **ser** and **estar.** The verb **ser** is used to express a permanent or characteristic quality while the verb **estar** is used to express a temporary or accidental state. Thus we use **ser** in **Êste gato é feio** *This cat is ugly* (IV, 6) because ugliness is a permanent and characteristic quality. We likewise use **ser** in **Êste cachorro é novo** *This dog is young* (IV, 8) for youngness is a characteristic quality and while it is not absolutely permanent, it is relatively so. On the other hand, we use **estar** in **estou sentado** *I am seated* (IV, 1) because being seated is a temporary and accidental state.

139. But note that adjectives which are generally used with **estar** may be used with **ser** to stress the permanent and characteristic aspect or nature of a state.

quanto o senhor é ocupado (XII, 43)	*how busy you are* (all the time) or *how busy a man you are* (characteristically)

140. And adjectives which are generally used with **ser** may be used with **estar** to stress the temporary or accidental aspect of a quality.

Minhas unhas estão enormes (X, 15)	*My nails are terribly long*
Está caro (XI, 24)	*That's too expensive*

141. To express location, **estar** is generally used whether the location is temporary or permanent.

Temporary: **O cachorro está no jardim** (IV, 14)	*The dog is in the garden*
Permanent: **A casa de João está em Nova York** (IV, 15)	*John's house is in New York*

142. However, **ser** may be used if the location is permanent.

porque a chapelaria é na primeira rua à direita (VIII, 36)	*because the milliner's is on the first street to the right*

143. The verb **estar** is used with the gerund to make the progressive form of verbs.

Está chovendo (VI, 61)	*It's raining*

144. The verb **ser** is used in impersonal expressions.

É muito bom sair com um cavalheiro (VIII, 31)	*It is fine to go out with a gentleman*
é possível que volte logo (X, 7)	*it is possible that he will be right back*
Foi difícil encontrar um chapéu (VIII, 46)	*It was hard to find a hat*

145. The verb **ser** is used with predicate nouns.

Um cachorro é um animal (IV, 10)	*A dog is an animal*

146. The verb **ser** is used with the past participle to form the passive voice.

Será atendida (X, 39)	*She will be waited on*
Não foi feito sob medida (XI, 9)	*It wasn't made to order*
Em que dia foi descoberto o Brasil? (XIV, 8)	*On what day was Brazil discovered?*

147. The verb **ser** is used with **de** to express possession or origin.

O jornal é do professor também (II, 27)	*The newspaper is the professor's also*

PRETERIT INDICATIVE

148. The preterit indicative of verbs of the first conjugation is exemplified below by the preterit tense of **falar** *to speak.*

fal-ar	*to speak*
fal-ei	*I spoke*
fal-ou	*he, she,* or *it spoke*
fal-amos	*we spoke*
fal-aram	*they spoke*

149. The preterit indicative of verbs of the second conjugation is exemplified below by the preterit tense of **comer** *to eat.*

com-er	*to eat*
com-í	*I ate*
com-eu	*he, she,* or *it ate*
com-emos	*we ate*
com-eram	*they ate*

The **e** of these endings is a close **e** (like *e* in *they*).

150. The preterit tense of verbs of the third conjugation is exemplified below by the preterit tense of **partir** *to leave*

part-ir	*to leave*
part-í	*I left*
part-iu	*he, she,* or *it left*
part-imos	*we left*
part-iram	*they left*

151. The preterit tense of some verbs is irregular in the stem, in the endings or in both the stem and the endings.

dar *to give*	**dizer** *to say*	**estar** *to be*	**fazer** *to make*
dei *I gave*	**disse** *I said*	**estive** *I was*	**fiz** *I made*
deu	**disse**	**esteve**	**fêz**
demos	**dissemos**	**estivemos**	**fizemos**
deram	**disseram**	**estiveram**	**fizeram**
poder *to be able, can*	**pôr** *to put*	**querer** *to wish*	**saber** *to know*
pude *I was able*	**pus** *I put*	**quis** *I wished*	**soube** *I knew*
pôde	**pôs**	**quis**	**soube**
pudemos	**pusemos**	**quisemos**	**soubemos**
puderam	**puseram**	**quiseram**	**souberam**

ter *to have*	**trazer** *to bring*	**vir** *to come*
tive *I had*	**trouxe** *I brought*	**vim** *I came*
teve	**trouxe**	**veio**
tivemos	**trouxemos**	**viemos**
tiveram	**trouxeram**	**vieram**

The **e** of the ending **-eram** of these verbs is open (like *e* in *met*) whereas the **e** of the ending **-eram** of regular verbs of the second conjugation is close (like *e* in *they*). See section **149.** The **e** of the ending **-emos** of both regular and irregular verbs is close.

152. The preterit of **ir** and the preterit of **ser** are identical in form.

ir *to go* and **ser** *to be*
fui *I went; I was* or *have been*
foi
fomos
foram

153. The preterit is used to express single and unrepeated action or simple and uncontinued state in the past. The time may be close to the present or it may be remote.

Simple and uncontinued state:	**Ontem . . . estive aquí** (VI, 28)	*Yesterday . . . I was here*
Single and unrepeated action:	**comprei dois metros de sêda preta** (VI, 28)	*I bought two meters of black silk*

IMPERFECT INDICATIVE

154. The imperfect indicative of verbs of the first conjugation is exemplified below by the imperfect indicative of **falar** *to speak.*

fal-ar	*to speak*
fal-ava	*I was speaking*
fal-ava	*he, she,* or *it was speaking*
fal-ávamos	*we were speaking*
fal-avam	*they were speaking*

155. The imperfect indicative of verbs of the second conjugation is exemplified below by the imperfect indicative of **comer** *to eat.*

com-er	*to eat*
com-ia	*I was eating*
com-ia	*he, she,* or *it was eating*
com-íamos	*we were eating*
com-iam	*they were eating*

156. The imperfect indicative of verbs of the third conjugation is exemplified below by the imperfect indicative of **partir** *to leave.*

part-ir	*to leave*
part-ia	*I was leaving*
part-ia	*he, she,* or *it was leaving*
part-íamos	*we were leaving*
part-iam	*they were leaving*

157. The imperfect indicative of four irregular verbs is irregular.

ser *to be*	**ter** *to have*	**vir** *to come*	**pôr** *to put*
era *I was*	**tinha** *I had*	**vinha** *I was coming*	**punha** *I was putting*
era	**tinha**	**vinha**	**punha**
éramos	**tínhamos**	**vínhamos**	**púnhamos**
eram	**tinham**	**vinham**	**punham**

158. The imperfect indicative is used to express action or state in the past as continuing or repeated.

Repeated: **nós nos encontrávamos todos os dias na escola** (VIII, 6)	*we met* (or *we used to meet*) *each other every day at school*
Continuing: **quando experimentava o chapéu** (VIII, 47)	*when I was trying the hat on*

FUTURE INDICATIVE

159. The future indicative of all regular and most irregular verbs is made with the full infinitive, that is, without dropping the endings **-ar**, **-er**, and **-ir**.

falar *to speak*	**comer** *to eat*	**partir** *to leave*
falar-ei *I shall speak*	**comer-ei** *I shall eat*	**partir-ei** *I shall leave*
falar-á	**comer-á**	**partir-á**
falar-emos	**comer-emos**	**partir-emos**
falar-ão	**comer-ão**	**partir-ão**

160. Note that personal and reflexive pronouns are sometimes inserted between the infinitive and the endings of the future indicative.

mostrar-lhe-ei (XI, 58)	*I shall show you*
hospedar-me-ei no Hotel Santos (IX, 38)	*I shall stop at the Hotel Santos*

161. The future indicative of three irregular verbs is irregular in that it is not made with the full infinitive.

dizer *to say*	**fazer** *to make*	**trazer** *to bring*
direi *I shall say*	**farei** *I shall make*	**trarei** *I shall bring*
dirá	**fará**	**trará**
diremos	**faremos**	**traremos**
dirão	**farão**	**trarão**

PRESENT CONDITIONAL

162. The present conditional of all regular and most irregular verbs is made with the full infinitive, that is, without dropping the endings **-ar**, **-er**, and **-ir**.

falar *to speak*	**comer** *to eat*	**partir** *to leave*
falar-ia *I would or should speak*	**comer-ia** *I should or would eat*	**partir-ia** *I should or would leave*
falar-ia	**comer-ia**	**partir-ia**
falar-íamos	**comer-íamos**	**partir-íamos**
falar-iam	**comer-iam**	**partir-iam**

163. The present conditional of three irregular verbs is irregular.

dizer *to say*	**fazer** *to make*	**trazer** *to bring*
dir-ia *I should* or *would say*	**far-ia** *I should* or *would make*	**trar-ia** *I should* or *would bring*
dir-ia	**far-ia**	**trar-ia**
dir-íamos	**fàr-íamos**	**trar-íamos**
dir-iam	**far-iam**	**trar-iam**

PRESENT SUBJUNCTIVE

164. The present subjunctive is formed by dropping the **-o** of the present indicative and adding **-e, -e, -emos,** and **-em** for verbs of the first conjugation and **-a, -a, -amos,** and **-am** for verbs of the second and third conjugations.

fal-o *I speak*	**com-o** *I eat*	**part-o** *I leave*
fal-e	**com-a**	**part-a**
fal-e	**com-a**	**part-a**
fal-emos	**com-amos**	**part-amos**
fal-em	**com-am**	**part-am**

165. The present subjunctive of verbs of the first conjugation whose stem ends in **c** is made by changing this **c** to **qu** and adding the endings **-e, -e, -emos,** and **-em.**

marc-ar *to mark, to set*
marc-o *I mark*
marqu-e
marqu-e
marqu-emos
marqu-em

166. The present subjunctive of verbs of the first conjugation whose stem ends in **g** is made by inserting a **u** between this **g** and the usual endings. This **u** is silent. See section **21.**

cheg-ar *to arrive*
cheg-o *I arrive*
chegu-e
chegu-e
chegu-emos
chegu-em

167. The present subjunctive of verbs ending in **-cer** is made by changing **c** to **ç** in all forms. See section **127.**

esquec-er *to forget*
esqueç-o
esqueç-a
esqueç-a
esqueç-amos
esqueç-am

168. The present subjunctive of most irregular verbs is made by dropping the **-o** of the present indicative and adding the endings **-a, -a, -amos,** and **-am.**

dizer *to say*	**fazer** *to make*	**pôr** *to put*	**sentir** *to be sorry*
dig-o *I say*	**faç-o** *I make*	**ponh-o** *I put*	**sint-o** *I am sorry*
dig-a	**faç-a**	**ponh-a**	**sint-a**
dig-a	**faç-a.**	**ponh-a**	**sint-a**
dig-amos	**faç-amos**	**ponh-amos**	**sint-amos**
dig-am	**faç-am**	**ponh-am**	**sint-am**

ter *to have*	**trazer** *to bring*	**vir** *to come*
tenh-o *I have*	**trag-o** *I bring*	**venh-o** *I come*
tenh-a	**trag-a**	**venh-a**
tenh-a	**trag-a**	**venh-a**
tenh-amos	**trag-amos**	**venh-amos**
tenh-am	**trag-am**	**venh-am**

169. The present subjunctive of a few irregular verbs cannot be made in this way.

dar *to give*	**estar** *to be*	**ser** *to be*	**ir** *to go*
dou *I give*	**estou** *I am*	**sou** *I am*	**vou** *I go*
dê	**esteja**	**seja**	**vá**
dê	**esteja**	**seja**	**vá**
demos	**estejamos**	**sejamos**	**vamos**
dêem	**estejam**	**sejam**	**vão**

IMPERFECT SUBJUNCTIVE

170. The imperfect subjunctive of all verbs, regular and irregular, is made by dropping the last syllable -ram of the third plural preterit indicative and adding the endings **-sse, -sse, -ssemos,** and **-ssem.** An accent mark must be put on the vowel preceding the ending **-ssemos,** the acute if the vowel is **a, i,** or open **e,** the circumflex if the vowel is close **e.**

falar *to speak*	**comer** *to eat*
fala-ram *they spoke*	**come-ram** *they ate*
fala-sse	**come-sse**
fala-sse	**come-sse**
falá-ssemos	**comê-ssemos**
fala-ssem	**come-ssem**
partir *to leave*	**ter** *to have*
parti-ram *they left*	**tive-ram** *they had*
parti-sse	**tive-sse**
parti-sse	**tive-sse**
partí-ssemos	**tivé-ssemos**
parti-ssem	**tive-ssem**

FUTURE SUBJUNCTIVE

171. The future subjunctive of all verbs, regular and irregular, is made by dropping the last syllable -ram of the third plural preterit indicative and adding **-r, -r, -rmos,** and **-rem.**

falar *to speak*	**comer** *to eat*
fala-ram *they spoke*	**come-ram** *they ate*
fala-r	**come-r**
fala-r	**come-r**
fala-rmos	**come-rmos**
fala-rem	**come-rem**
partir *to leave*	**ter** *to have*
parti-ram *they left*	**tive-ram** *they had*
parti-r	**tive-r**
parti-r	**tive-r**
parti-rmos	**tive-rmos**
parti-rem	**tive-rem**

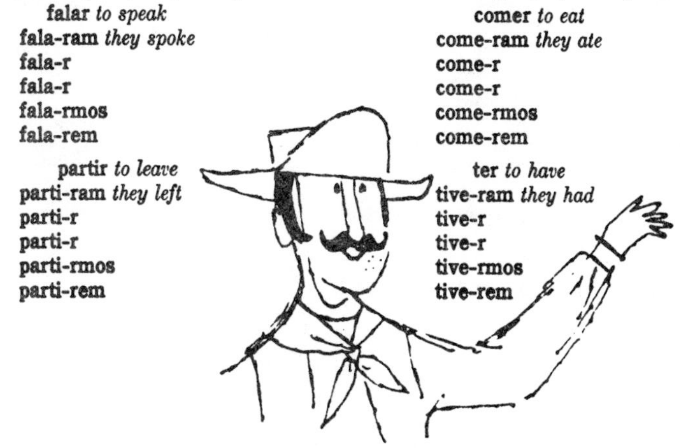

USES OF THE SUBJUNCTIVE

172. The subjunctive is used in dependent clauses introduced by **que** after verbs expressing wish, doubt, sorrow, hope, suggestion, and permission.

173. After verbs expressing wish:

quero que êle também me corte o cabelo (X, 10) — *I want him to cut my hair too*

Vejo que o senhor deseja que lhe faça a barba também (X, 60) — *I see that you want me to shave you too*

Quero que o senhor me faça um costume de linho (XI, 1) — *I want you to make me a linen suit*

Quer que lhe tire agora as medidas (XI, 33) — *Do you want me to take your measurements now?*

174. After verbs expressing doubt:

Duvido que êle venha . . . (X, 22) — *I doubt that he will come . . .*

175. After verbs expressing sorrow:

Sinto que êle não esteja aquí (X, 7) — *I am sorry that he isn't here*

176. After verbs expressing hope:

espero que não o tenha ferido (X, 19) — *I hope that I didn't hurt you*

177. After verbs expressing suggestion:

Sugiro-lhe que experimente hoje outro dos barbeiros da casa (X, 24) — *I suggest that you try another one of our barbers today*

178. After verbs expressing permission:

Permite-me que ponha uma loção ou brilhantina em seu cabelo? (X, 57) — *Will you let me put a lotion or some brilliantine on your hair?*

179. The subjunctive is used after impersonal verbs (generally **ser** followed by an adjective) that do not express certainty.

é possível que volte logo (X, 8) — *it is possible that he will be right back*

hoje não é necessário que eu chegue ao escritório antes das duas (X, 11) — *I don't have to get back to the office today before two o'clock*

É possível que se marque desde já uma hora . . . ? (X, 35) — *Is it possible to set a time right now . . . ?*

É preferível que o senhor pague na caixa (X, 44) — *It is preferable for you to pay at the cashier's desk*

seria bom que acrescentasse . . . (XIII, 14) — *it would be good for you to add . . .*

Seria bom que lessem . . . (XIII, 55) — *It would be good for you to read . . .*

180. The subjunctive is used after subordinating conjunctions of time when the verb refers to the future.

antes que a senhora acabe seu trabalho (X, 23) — *before you finish your work*

assim que chegue (X, 39) — *as soon as she arrives*

antes que tivéssemos a aula (XIII, 56) — *before we have the class*

181. The subjunctive is used after subordinating conjunctions of condition.

Contanto que não passe nem um dia (XI, 65)	*Provided it is not a day later*

182. The subjunctive is used after subordinating conjunctions of concession.

conquanto no Brasil esteja mais da metade da população da América do Sul (XIII, 20)	*although more than half of the population of South America is in Brazil*

183. The subjunctive is used after subordinating conjunctions of denial.

sem que o freguês sinta dor (X, 72)	*without the customer feeling any sting*

184. The subjunctive is used in independent clauses before which a verb of command or wish is understood.

Faça-se a vontade do profissional (XI, 51)	*Let the expert have his way*

185. The subjunctive is used to give a command or order. See section **134.** When so used in the first plural, it is equivalent to English *let us* + the infinitive, e.g., **esqueçamo-nos** *let's forget* (XII, 15).

186. If the main verb is present and the time of the subjunctive verb is past, the perfect subjunctive is generally used. This tense is formed with the present subjunctive of the verb **ter** and the past participle.

espero que não o tenha ferido (X, 19)	*I hope that I didn't hurt you*

187. If the main verb is past or conditional, the imperfect subjunctive is generally used in the dependent clause.

seria bom que acrescentasse (XIII, 14)	*it would be good for you to add*
Seria bom que lessem (XIII, 55)	*It would be good for you to read*
antes que tivéssemos a aula (XIII, 56)	*before we have the class*

USES OF FUTURE SUBJUNCTIVE

188. The future subjunctive is used in the if-clause of simple future conditions.

Se quiser . . . (XI, 14)	*If you wish*
Se fizer o costume (XI, 36)	*If I make the suit*
Se pusermos uma prega atrás (XI, 46)	*If we put a pleat in the back*
se pregarmos seis botões no paletó (XI, 55)	*if we sew six buttons on the coat*
Se lhe der êste costume para o dia vinte (XI, 63)	*if I give you this suit by the twentieth*
Se não sair agora . . . (XI, 74)	*If I don't leave now . . .*
Se olhar para aquêle mapa . . . (XIII, 29)	*If you look at that map . . .*

189. The future subjunctive is used after the conjunctions **quando** *when*, **logo que** *as soon as*, and **depois que** *after*, when the verb refers to the future.

quando meu marido entrar em férias (XI, 40)	*when my husband has his vacation*
Quando fizer costume de linho (XI, 48)	*when you have a linen suit made*
Quando a senhora vier fazer a primeira prova (XI, 57)	*When you come for your first fitting*
logo que puder (XI, 70)	*as soon as he can*
Depois que o senhor fizer o branco (XI, 16)	*After you make the white one*

190. In colloquial Portuguese the present indicative is generally used after **enquanto** *while*.

Enquanto o senhor manda preparar o quarto (IX, 67)	*While you're having the room prepared*
enquanto espera o senhor Araújo (X, 14)	*while you are waiting for Mr. Araújo*
enquanto trabalho (X, 55)	*while I am at work*

SHOULD-WOULD CONDITIONS

191. The kind of a conditional sentence which in English contains *should* or *would* in its conclusion, is constructed in Portuguese as follows: in the if-clause the imperfect subjunctive; in the conclusion the present conditional.

Se as tivesse agora, prepararia um refrêsco (XII, 4)	*If I had it now, I would prepare a drink*
Mas se lhe oferecêssemos um refrêsco de frutas, seria muito bom (XII, 8)	*But if we would give him a fruit drink it would be fine*
Se você fôsse amigo de verdade, procuraria mais os amigos (XII, 37)	*If you were a real friend, you would seek your friends out more*
Se os amigos soubessem quanto trabalho tenho, certamente perdoariam minha falta de sociabilidade (XII, 39)	*If my friends knew how much work I have to do they would certainly pardon my lack of sociability*
Se os amigos de meu marido medissem a amizade dêle . . . , acabariam concluindo . . . (XII, 44)	*If my husband's friends measured his friendship . . . , they would finish by concluding*
E se meus amigos soubessem . . . , é certo que me perdoariam (XII, 48)	*And if my friends knew . . . , it is certain that they would pardon me*
Se aquí na classe houvesse um mineiro, não duvido que ficaria zangado (XIII, 40)	*If there were a native of Minas Gerais in this class, I have no doubt that he would be angry*
Eu a aprovaria com uma boa nota se fôsse seu professor (XIV, 66)	*I would pass you with a good mark if I were your teacher*

192. The imperfect indicative is sometimes used instead of the conditional in the conclusions of should-would conditions.

Se lhe contasse quanto trabalhei hoje, . . . você não acreditava (XII, 23)	*If I told you how hard I worked today, . . . you wouldn't believe it*

193. The kind of condition which in English contains *should have* or *would have* in its conclusion, is constructed in Portuguese as follows: in the if-clause the pluperfect subjunctive (i.e., the imperfect subjunctive of the verb **ter** + the past participle); in the conclusion the past conditional (i.e., the present conditional of the verb **ter** + the past participle).

Se você me tivesse avisado hoje de manhã, teria trazido frutas da feira (XII, 11)	*If you had told me this morning I should have brought fruit from market*

194. This kind of a condition (section **193** above) is sometimes constructed in Portuguese with the imperfect subjunctive in the if-clause.

Se soubesse que não as tínhamos em casa, eu mesma teria ido comprá-las (XII, 13)	*If I had known that we did not have any in the house I should have gone to buy it myself*
Se soubesse que hoje . . . , não teria almoçado (XII, 69)	*If I had known . . . , I would not have had any lunch*

INFINITIVE

195. In English the infinitive is generally preceded by the preposition *to*. In Portuguese it is (a) sometimes not preceded by any preposition, (b) sometimes preceded by the preposition **a**, and (c) sometimes preceded by the preposition **de.**

(a) **Você deseja morar comigo?** (I, 31)	*Do you wish to live with me?*
(b) **convido-o a jantar comigo** (VII, 41)	*I invite you to have dinner with me*
(c) **José gosta de estudar?** (II, 12)	*Does Joseph like to study?*

196. List of verbs which take no preposition before the following infinitive.

desejar *to wish, to desire*	**poder** *to be able, can*
dever *to have to, must*	**preferir** *to prefer*
esperar *to hope; to expect*	**pretender** *to intend; to attempt*
ir *to go*	**querer** *to wish, will*
mandar *to order; to have*	**restar** *to remain*
ouvir *to hear*	**vir** *to come*

197. An adjective with impersonal **ser** generally takes no preposition before a following infinitive.

é melhor acompanhá-lo ao teatro (VII, 32) *it is better to go to the theater with you*

If the construction is not impersonal, the preposition **de** is generally used after the adjective.

sua barba ficará macia, fácil de cortar-se (X, 67) *your beard will be soft and easy to shave*

198. List of verbs that take the preposition **de** before a following infinitive.

acabar de *to have just* + past participle
esquecer-se de *to forget to*
gostar de *to like to*
lembrar-se de *to remember to*
precisar de *to need to*

199. A noun that is followed by the infinitive generally takes the preposition **de.**

a oportunidade de ir ao banco (VI, 55)	*a chance to go to the bank*
Eu também tenho vontade de encontrá-lo (VII, 37)	*I am anxious to meet him too*
ao desejo de vestí-lo (VIII, 49)	*the desire to put it on*

PERSONAL INFINITIVE

200. When the infinitive has a subject that is expressed, it is called the personal infinitive and is inflected in the plural forms. This inflection is exemplified below by the personal infinitive of **falar** *to speak.*

(eu) **falar**	*my speaking*
(êle) **falar**	*his speaking*
falarmos	*our speaking*
falarem	*their speaking*

uma hora para ela ser atendida (X, 36)	*a time . . . for her to be waited on*
A pesar de a senhora e seu marido serem meus fregueses antigos (XI, 25)	*In spite of your and your husband's being old customers of mine*
por ser (XIII, 44)	*because it is*
Em vista de o filho de Pedro Primeiro ser ainda uma criança (XIV, 52)	*Since the son of Pedro I was still a child*

GERUND

201. The formation of the gerund of all three conjugations is shown below.

fal-ar *to speak*	**com-er** *to eat*	**part-ir** *to leave*
fal-ando *speaking*	**com-endo** *eating*	**part-indo** *leaving*

The only irregular gerund is that of **pôr,** namely, **pondo.**

202. The gerund is used with **estar** to make the progressive form of verbs.

Está chovendo (VI, 61)	*It's raining*
não está nevando (VII, 57)	*it isn't snowing*

203. The gerund is similarly used with **ir** and **vir.**

Não vou indo bem (VII, 52)	*I'm not going well,* i.e., *I'm not so well*
meu amigo vem chegando (XII, 16)	*my friend is arriving*
já me vou servindo de sopa (XII, 64)	*I am helping myself to soup,* i.e., *I am going to help myself to soup*

204. The verbs **continuar** and **acabar** are often followed by the gerund.

como continua chovendo (VII, 54)	*as it continues raining*
acabariam concluindo (XII, 46)	*they would finish by concluding*

205. The gerund is often used independently.

havendo uma linha (XIII, 11)	*there being a line*
quasi formando uma planície (XIII, 16)	*almost forming a plain*
adotando nosso país o nome (XIV, 59)	*our country adopting the name*
figurando hoje entre (XIV, 63)	*standing today among*

PAST PARTICIPLE

206. The formation of the past participle of all three conjugations is shown below.

fal-ar *to speak*	**com-er** *to eat*	**part-ir** *to leave*
fal-ado *spoken*	**com-ido** *eaten*	**part-ido** *left*

207. Some verbs have irregular past participles.

abrir *to open*	**descobrir** *to discover*	**dizer** *to say*
aberto *opened*	**descoberto** *discovered*	**dito** *said*
escrever *to write*	**fazer** *to make*	**pôr** *to put*
escrito *written*	**feito** *made*	**pôsto** *put*
ver *to see*	**vir** *to come*	
visto *seen*	**vindo** *come*	

208. In compound tenses of the active voice the past participle is invariable. However, when used as an adjective it agrees in gender and number with the noun it modifies.

E muito bem feitas! (agreeing with **unhas**) (X, 43)	*And very well done!*
um costume feito dêsse linho (XI, 22)	*a suit made of that linen*
capital federal, conhecida como a mais bela cidade do mundo (XIII, 34)	*the national capital, known as the most beautiful city in the world*

IDIOMATIC USE OF CERTAIN VERBS

209. The present tense of **acabar de** with a following infinitive is used to express action in the recent pass.

acabo de beber um cálice de vinho (III, 54)	*I have just drunk a glass of wine*

210. The verb **dever** means *to owe*, e.g., **Quanto lhe devo?** *How much do I owe you?* (IX, 40 and X, 43). However, when followed by an infinitive it means *must* expressing necessity.

Devemos jantar depressa (VII, 48)	*We must eat in a hurry*
o cobrador deve trocar a nota (VIII, 34)	*the conductor must change the bill*
devo mencionar (XIV, 33)	*I must mention*

211. When followed by an infinitive, **dever** also means *must* expressing conjecture or supposition.

seu jantar deve estar delicioso (XII, 57)	*your dinner must be delicious*

212. Unlike English *must* the verb **dever** is used in the future.

que deverei ocupar (IX, 14)	*that I am to occupy*
Quanto deverei pagar pelo quarto? (IX, 62)	*how much shall I have to pay for the room?*

213. The conditional of **dever** means *should* or *ought to* and with the perfect infinitive (**ter** + the past participle) *should have* or *ought to have.*

Deveria ter citado (XIII, 48)	*You should have mentioned*

214. The expression **estar com** followed by a noun is often equivalent to English *to be* followed by an adjective.

Essa moça está com fome (V, 60)	*That girl is hungry*
Aquêles rapazes estão com sêde (V, 61)	*Those boys are thirsty*
Estou com sorte (VI, 68)	*I am lucky*
Estou porém com muito frio (VII, 61)	*I am quite cold though*

215. The verb **fazer** is used with **calor** and **frio** to indicate states of the weather.

no Brasil não faz frio como aquí (VII, 62)	*in Brazil it isn't cold as it is here*
Não faz sempre calor (VII, 64)	*It isn't always hot*

216. The verb **haver** is used in the third singular of all tenses with the meaning *there is* or *there are.*

Quantos dias há em uma semana? (IV, 27)	*How many days are there in a week?*
Haverá dois trens (IX, 5)	*There will be two trains*
Haverá assentos reservados? (IX, 15)	*Will there be reserved seats?*
havendo uma linha de cordilheiras mais altas (XIII, 11)	*there being a line of higher mountain ranges*
Se aquí na classe houvesse um mineiro (XIII, 40)	*If there were a native of Minas Gerais in this class*
houve uma Regência de nove anos (XIV, 53)	*there was a Regency for nine years*

217. The present tense of **haver** when used with the past tense of another verb, has the value of English *ago.*

porque vendí há uma hora (VI, 33)	*because an hour ago I sold*
porque dei há um mês um par a minha espôsa (VI, 44)	*because I gave a pair to my wife a month ago*
Publicaram-no há um mês (VIII, 59)	*they published it a month ago*

218. The present tense of **haver,** used with the present tense of another verb, indicates that the action of the other verb began in the past and continues into the present.

Está chovendo e ventando há mais de uma semana (VII, 56)	*It has been raining and the wind has been blowing for more than a week*

219. The imperfect indicative of **haver** (and **ter**) is used with the past participle to form the pluperfect indicative.

não havia sido apresentado à senhora (XII, 35)	*I had not been introduced to you*

In this sentence **havia sido** is the pluperfect indicative of **ser.** It is used to form the passive voice of **apresentar.** See section **146.**

220. The verb **ir** with a following infinitive is used to express future action or state.

O senhor vai estudar sua liçao? (V, 56)	*Are you going to study your lesson?*

221. The literal meaning of **vamos,** the first plural present subjunctive of **ir,** is *let us go.* However, when followed by an infinitive **vamos** often means *let's* + the meaning of the infinitive.

E vamos aproveitar o tempo (X, 16)	*And let's take advantage of the time*
vamos comê-lo (XII, 60)	*let's eat it*
Vamos terminar (XIII, 60)	*Let's finish*

222. The verb **mandar** is used as a causative, that is, with the meaning of *have* + past participle.

Enquanto o senhor manda preparar o quarto (IX, 67)	*While you're having the room prepared*
Onde mandou fazê-lo? (XI, 8)	*Where did you have it made?*

223. Note that the verb **fazer** itself sometimes means *to have made.*

quando fiz aquêle costume de casemira azul (XI, 34)	*when I had that blue cashmere suit made*
Quando fizer costume de linho (XI, 48)	*when you have a linen suit made*
deseja fazer um smoking (XI, 71)	*he wants to have a tuxedo made*

224. The verb **ter** with a noun object is sometimes equivalent to the verb *to be* with an adjective.

mas tenho vontade de vê-la (VII, 21)	*but I am anxious to see it*
Eu também tenho vontade de encontrá-lo (VII, 38)	*I am anxious to meet him too*
Não tenha receio (X, 64)	*Don't be afraid*

225. There are two verbs meaning *to know* in Portuguese, namely, **conhecer** and **saber.**

Conhecer means *to know* through the senses, that is, by perception or recognition.

Conhece meu primo José? (VII, 23)	*Do you know my cousin Joseph?*
não conheço o gôsto feminino (VIII, 55)	*I don't know anything about feminine taste*
a quem você já conhece muito de nome (XII, 28)	*whom you already know well by name*
Muito prazer em conhecê-la (XII, 29)	*I am very glad to meet you*

Saber means *to know* through thought, that is, by a judgment or by recollection.

Não sabia (IX, 26)	*I didn't know that*
Não sei se teremos um quarto vago (IX, 50)	*I don't know whether we shall have a vacant room*
Mas sei que virá aquí logo que puder (XI, 70)	*But I know that he will be here as soon as he can*
Êle bem sabe quanto o senhor é ocupado (XII, 43)	*He knows quite well how busy you are*
Que você sabe sôbre os Bandeirantes? (XIV, 17)	*What do you know about the Bandeirantes?*
Como você sabe (XIV, 46)	*As you know*

226. Other verbs besides **ser** and **estar** are sometimes used to express the idea of the verb *to be.*

andar: o linho anda caríssimo (XI, 27)	*linen is very expensive now*
ficar: êle lhe ficará melhor (XI, 14)	*it will be better for you,* i.e., *it will look better on you*
ficará muito melhor (XI, 47)	*it will be much better*
Ficará elegantíssimo (XI, 54)	*That will be very chic*
ir: Não vou indo bem (VII, 52)	*I am not going well,* i.e., *I'm not so well*
ter: Aquí tem (VI, 37; IX, 30; X, 46)	*Here you have,* i.e., *here is* or *here are*

CONJUGATIONS OF REGULAR VERBS

227. Simple Tenses

Impersonal Infinitive

falar *to speak*	**comer** *to eat*	**partir** *to leave*

Personal Infinitive (section **200**)

falar	comer	partir
falar	comer	partir
falarmos	comermos	partirmos
falarem	comerem	partirem

Gerund (section **201**)

falando	comendo	partindo

Past Participle (section **206**)

falado	comido	partido

Present Indicative

falo (section **124**)	como (section **126**)	parto (section **128**)
fala	come	parte
falamos	comemos	partimos
falam	comem	partem

Imperfect Indicative

falava (section **154**)	comia (section **155**)	partia (section **156**)
falava	comia	partia
falávamos	comíamos	partíamos
falavam	comiam	partiam

Preterit Indicative

falei (section **148**)	comí (section **149**)	partí (section **150**)
falou	comeu	partiu
falamos	comemos	partimos
falaram	comeram	partiram

Future Indicative (section **159**)

falarei	comerei	partirei
falará	comerá	partirá
falaremos	comeremos	partiremos
falarão	comerão	partirão

Conditional (section **162**)

falaria	comeria	partiria
falaria	comeria	partiria
falaríamos	comeríamos	partiríamos
falariam	comeriam	partiriam

Present Subjunctive (section **164**)

fale	coma	parta
fale	coma	parta
falemos	comamos	partamos
falem	comam	partam

Imperfect Subjunctive (section **170**)

falasse	comesse	partisse
falasse	comesse	partisse
falássemos	comêssemos	partíssemos
falassem	comessem	partissem

Future Subjunctive (section **171**)

falar	comer	partir
falar	comer	partir
falaramos	comermos	partirmos
falarem	comerem	partirem

228. Compound Tenses

Pluperfect Indicative (section **219**)

tinha falado	tinha comido	tinha partido
or	or	or
havia falado	havia comido	havia partido

Past Conditional (section **193**)

teria falado	teria comido	teria partido

Perfect Subjunctive (section **186**)

tenha falado	tenha comido	tenha partido

Pluperfect Subjunctive

tivesse falado	tivesse comido	tivesse partido

CONJUGATIONS OF

INFINITIVE IMPERSONAL AND PERSONAL	GERUND AND PAST PARTICIPLE	PRESENT INDICATIVE	PRESENT SUBJUNCTIVE	IMPERFECT INDICATIVE
229. cair to fall				
cair	caindo	caio	caia	caía
cair		cai	caia	caía
caírmos	caído	caímos	caiamos	caíamos
caírem		caem	caiam	caíam
230. crer *to believe*				
crer	crendo	creio	creia	cria
crer		crê	creia	cria
crermos	crido	cremos	creiamos	críamos
crerem		crêem	creiam	criam
231. dar *to give*				
dar	dando	dou	dê	dava
dar		dá	dê	dava
darmos	dado	damos	demos	dávamos
darem		dão	dêem	davam
232. dizer *to say, to tell*				
dizer	dizendo	digo	diga	dizia
dizer		diz	diga	dizia
dizermos	dito	dizemos	digamos	dizíamos
dizerem		dizem	digam	diziam
233. estar *to be*				
estar	estando	estou	esteja	estava
estar		está	esteja	estava
estarmos	estado	estamos	estejamos	estávamos
estarem		estão	estejam	estavam
234. fazer *to do*				
fazer	fazendo	faço	faça	fazia
fazer		faz	faça	fazia
fazermos	feito	fazemos	façamos	fazíamos
fazerem		fazem	façam	faziam

IRREGULAR VERBS

FUTURE INDICATIVE	CONDITIONAL	PRETERIT INDICATIVE	IMPERFECT SUBJUNCTIVE	FUTURE SUBJUNCTIVE
caïrei caïrá caïremos caïrão	caïria caïria cairíamos caïriam	caí caiu caímos caíram	caísse caísse caíssemos caíssem	cair cair caírmos caírem
crerei crerá creremos crerão	creria creria creríamos creriam	cri creu cremos creram	cresse cresse crêssemos cressem	crer crer crermos crerem
darei dará daremos darão	daria daria daríamos dariam	dei deu demos deram	desse desse déssemos dessem	der der dermos derem
direi dirá diremos dirão	diria diria diríamos diriam	disse disse dissemos disseram	dissesse dissesse disséssemos dissessem	disser disser dissermos disserem
estarei estará estaremos estarão	estaria estaria estaríamos estariam	estive esteve estivemos estiveram	estivesse estivesse estivéssemos estivessem	estiver estiver estivermos estiverem
farei fará faremos farão	faria faria faríamos fariam	fiz fêz fizemos fizeram	fizesse fizesse fizéssemos fizessem	fizer fizer fizermos fizerem

INFINITIVE IMPERSONAL AND PERSONAL	GERUND AND PAST PARTICIPLE	PRESENT INDICATIVE	PRESENT SUBJUNCTIVE	IMPERFECT INDICATIVE
235. haver *to have*				
haver	havendo	hei	haja	havia
haver		há	haja	havia
havermos	havido	havemos	hajamos	havíamos
haverem		hão	hajam	haviam
236. ir *to go*				
ir	indo	vou	vá	ia
ir		vai	vá	ia
irmos	ido	vamos	vamos	íamos
irem		vão	vão	iam
237. ler *to read*				
ler	lendo	leio	leia	lia
ler		lê	leia	lia
lermos	lido	lemos	leiamos	líamos
lerem		lêem	leiam	liam
238. medir *to measure*				
medir	medindo	meço	meça	media
medir		mede	meça	media
medirmos	medido	medimos	meçamos	medíamos
medirem		medem	meçam	mediam
239. ouvir *to hear*				
ouvir	ouvindo	ouço	ouça	ouvia
ouvir		ouve	ouça	ouvia
ouvirmos	ouvido	ouvimos	ouçamos	ouvíamos
ouvirem		ouvem	ouçam	ouviam
240. pedir *to ask*				
pedir	pedindo	peço	peça	pedia
pedir		pede	peça	pedia
pedirmos	pedido	pedimos	peçamos	pedíamos
pedirem		pedem	peçam	pediam
241. perder *to lose*				
perder	perdendo	perco	perca	perdia
perder		perde	perca	perdia
perdermos	perdido	perdemos	percamos	perdíamos
perderem		perdem	percam	perdiam

FUTURE INDICATIVE	CONDITIONAL	PRETERIT INDICATIVE	IMPERFECT SUBJUNCTIVE	FUTURE SUBJUNCTIVE
haverei haverá haveremos haverão	haveria haveria haveríamos haveriam	houve houve houvemos houveram	houvesse houvesse houvéssemos houvessem	houver houver houvermos houverem
irei irá iremos irão	iria iria iríamos iriam	fui foi fomos foram	fôsse fôsse fôssemos fôssem	fôr fôr formos forem
lerei lerá leremos lerão	leria leria leríamos leriam	li leu lemos leram	lesse lesse lêssemos lessem	ler ler lermos lerem
medirei medirá mediremos medirão	mediria mediria mediríamos mediriam	medí mediu medimos mediram	medisse medisse medíssemos medissem	medir medir medirmos medirem
ouvirei ouvirá ouviremos ouvirão	ouviria ouviria ouviríamos ouviriam	ouví ouviu ouvimos ouviram	ouvisse ouvisse ouvíssemos ouvissem	ouvir ouvir ouvirmos ouvirem
pedirei pedirá pediremos pedirão	pediria pediria pediríamos pediriam	pedí pediu pedimos pediram	pedisse pedisse pedíssemos pedissem	pedir pedir pedirmos pedirem
perderei perderá perderemos perderão	perderia perderia perderíamos perderiam	perdí perdeu perdemos perderam	perdesse perdesse perdêssemos perdessem	perder perder perdermos perderem

INFINITIVE IMPERSONAL AND PERSONAL	GERUND AND PAST PARTICIPLE	PRESENT INDICATIVE	PRESENT SUBJUNCTIVE	IMPERFECT INDICATIVE
242. poder *to be able*				
poder	podendo	posso	possa	podia
poder		pode	possa	podia
podermos	podido	podemos	possemos	podíamos
poderem		podem	possam	podiam
243. pôr *to put, place*				
pôr	pondo	ponho	ponha	punha
pôr		põe	ponha	punha
pormos	pôsto, posta, postos, postas	pomos	ponhamos	púnhamos
porem		põem	ponham	punham
244. querer *to wish*				
querer	querendo	quero	queira	queria
querer		quer	queira	queria
querermos	querido	queremos	queiramos	queríamos
quererem		querem	queiram	queriam
245. rir *to laugh*				
rir	rindo	rio	ria	ria
rir		ri	ria	ria
rirmos	rido	rimos	riamos	ríamos
rirem		riem	riam	riam
246. saber *to know*				
saber	sabendo	sei	saiba	sabia
saber		sabe	saiba	sabia
sabermos	sabido	sabemos	saibamos	sabíamos
saberem		sabem	saibam	sabiam
247. sair *to go out*				
sair	saindo	saio	saia	saía
sair		sai	saia	saía
saírmos	saído	saímos	saiamos	saíamos
saírem			saiam	saíam
248. ser *to be*				
ser	sendo	sou	seja	era
ser		é	seja	era
sermos	sido	somos	sejamos	éramos
serem		são	sejam	eram

FUTURE INDICATIVE	CONDITIONAL	PRETERIT INDICATIVE	IMPERFECT SUBJUNCTIVE	FUTURE SUBJUNCTIVE
poderei poderá poderemos poderão	poderia poderia poderíamos poderiam	pude pôde pudemos puderam	pudesse pudesse pudéssemos pudessem	puder puder pudermos puderem
porei porá poremos porão	poria poria poríamos poriam	pus pôs pusemos puseram	pusesse pusesse puséssemos pusessem	puser puser pusermos puserem
quererei quererá quereremos quererão	quereria quereria quereríamos quereriam	quis quis quisemos quiseram	quisesse quisesse quiséssemos quisessem	quiser quiser quisermos quiserem
rirei rirá riremos rirão	riria riria riríamos ririam	ri riu rimos riram	risse risse ríssemos rissem	rir rir rirmos rirem
saberei saberá saberemos saberão	saberia saberia saberíamos saberiam	soube soube soubemos souberam	soubesse soubesse soubéssemos soubessem	souber souber soubermos souberem
saïrei saïrá saïremos saïrão	saïria saïria saïríamos saïriam	saí saiu saímos saíram	saísse saísse saíssemos saíssem	sair sair saírmos saírem
serei será seremos serão	seria seria seríamos seriam	fui foi fomos foram	fôsse fôsse fôssemos fôssem	fôr fôr formos forem

AND INFINITIVE IMPERSONAL AND PERSONAL	GERUND AND PAST PARTICIPLE	PRESENT INDICATIVE	PRESENT SUBJUNCTIVE	IMPERFECT INDICATIVE
249. ter *to have*				
ter	tendo	tenho	tenha	tinha
ter		tem	tenha	tinha
termos	tido	temos	tenhamos	tínhamos
terem		têm	tenham	tinham
250. trazer *to bring*				
trazer	trazendo	trago	traga	trazia
trazer		traz	traga	trazia
trazermos	trazido	trazemos	tragamos	trazíamos
trazerem		trazem	tragam	traziam
251. valer *to be worth*				
valer	valendo	valho	valha	valia
valer		vale	valha	valia
valermos	valido	valemos	valhamos	valíamos
valerem		valem	valham	valiam
252. ver *to see*				
ver	vendo	vejo	veja	via
ver		vê	veja	via
vermos	visto	vemos	vejamos	víamos
verem		vêem	vejam	viam
253. vir *to come*				
vir	vindo	venho	venha	vinha
vir		vem	venha	vinha
virmos	vindo	vimos	venhamos	vínhamos
virem		vêm	venham	vinham

FUTURE INDICATIVE	CONDITIONAL	PRETERIT INDICATIVE	IMPERFECT SUBJUNCTIVE	FUTURE SUBJUNCTIVE
terei terá teremos terão	teria teria teríamos teriam	tive teve tivemos tiveram	tivesse tivesse tivéssemos tivessem	tiver tiver tivermos tiverem
trarei trará traremos trarão	traria traria traríamos trariam	trouxe trouxe trouxemos trouxeram	trouxesse trouxesse trouxéssemos trouxessem	trouxer trouxer trouxermos trouxerem
valerei valerá valeremos valerão	valeria valeria valeríamos valeriam	vali valeu valemos valeram	valesse valesse valêssemos valessem	valer valer valermos valerem
verei verá veremos verão	veria veria veríamos veriam	vi viu vimos viram	visse visse víssemos vissem	vir vir virmos virem
virei virá viremos virão	viria viria viríamos viriam	vim veio viemos vieram	viesse viesse viéssemos viessem	vier vier viermos vierem

VOCABULARY AND INDEX

Numbers refer to sections of the grammar.

as *fem. pl. def. art.* the; *pron.* them
às = **a** + **as**; 52
assentado -a becoming
assento *m.* seat
assim and so, thus; so; **assim que** as soon as; 180
assunto *m.* subject
até until, up to; **até amanhã** see you tomorrow; **até já** good-bye, "so long"; **até logo** good-bye, "so long," see you later; **até que** until
atender to wait on
atrás back, in the back; **atrás de** behind
atrasado -a late, slow
atrasar to lose, to lose time
atual present; *pl.:* **atuais**; 76
aula *f.* class
avisado *past part.* of **avisar**
avisar to tell, to notify
azul blue; *pl.:* **azuis**; 76

B

baixo -a low; short; **em baixo** below
banco *m.* bank
Bandeirante *m.* prospector
banheiro *m.* bathroom
barato -a cheap; **barato** *adv.* cheap
barba *f.* beard; **fazer a barba** to shave; **fazer a barba com** to be shaved by
barbearia *f.* barbershop
barbeiro *m.* barber
bastante enough; fairly
bater to strike, to knock
beber to drink
Belém capital of the state of Pará, Brazil
belo -a beautiful
Belo Horizonte capital of the state of Minas Gerais, Brazil
bem well; very; all right; **está bem** all right, it's all right
biblioteca *f.* library
bilhete *m.* ticket
bilheteiro *m.* ticket agent
boa *fem.* of **bom**
boca *f.* mouth
bolso *m.* pocket
bom, boa good, fine; **bom dia** good morning; **boa noite** good evening, good-bye; **boa tarde** good afternoon; **boa viagem** bon voyage; 70
bondade *f.* kindness
bonito -a pretty
borracha *f.* rubber
botão *m.* button; *pl.:* **botões**; 58
branco -a white
Brasil *m.;* **o Brasil** Brazil
brasileiro -a *m., f.,* and *adj.* Brazilian
brilhantina *f.* brilliantine
brincar to play; to joke; 135, 165
busca *f.* search

C

cabelo *m.* hair
cabine *f.* booth; **cabine do telefone** telephone booth
cachorro *m.* dog
cada each; **cada um** every one
cadeira *f.* chair
café *m.* coffee; breakfast; café; **café da manhã** breakfast
cair to fall; 229
caixa *f.* box; cashier's desk
cálice *m.* glass, wine-glass
calor *m.* heat; **fazer calor** to be warm or hot
cama *f.* bed; **ir para a cama** to go to bed
camarão *m.* shrimp
Campinas city in the state of São Paulo, Brazil
cansado -a tired
capital *f.* capital (city); *pl.:* **capitais**; 60
capítulo *m.* chapter
característica *f.* characteristic
cardinal numerals 119–121
carioca *m.* and *f.* native or inhabitant of Rio de Janeiro
caríssimo -a very dear, very expensive; 80
Carlos *m.* Charles
carne *f.* meat
caro -a dear, expensive
carregador *m.* porter
carro-restaurante *m.* dining car
carta *f.* letter; **por carta** by mail
casa *f.* house; shop; buttonhole; **em casa** home (at home, in the house); **para casa** home (to home)
casemira *f.* cashmere
caso *m.* case
castigos *m.pl.* punishment; 61
Catarina *f.* Catherine
categoria *f.* category
cavalheiro *m.* gentleman, escort
cedo early
célebre famous
centímetro *m.* centimeter
cento hundred, a hundred
central central; *pl.:* **centrais**; 76
centro *m.* center
cerimônia *f.* ceremony; **fazer cerimônia** to stand on ceremony
certamente certainly, surely
certeza *f.* certainty; **com certeza** certainly, of course
certo -a right, on time; sure, certain

chá *m.* tea
chamar to call
chapelaria *f.* millinery shop, hat store
chapéu *m.* hat; **chapéu de verão** summer hat
chegar to arrive; 166
chegue *1st* and *3d sg. pres. subj.* of **chegar**
cheiro *m.* smell
chícara *f.* cup
chocolate *m.* chocolate (drink)
chover to rain
cidade *f.* city
cima *f.* top; **em cima** above
cinco five
cinqüenta fifty
cinza gray
citar to mention
claro light (in color)
classe *f.* class
cobrador *m.* conductor
coisa *f.* thing
colega *m.* colleague; **colega de escola** school friend
colônia *f.* colony
colonial colonial; *pl.:* **coloniais**; 76
com with
comê-lo = **comer** + **o**; 104
comer to eat
comigo with me; 98
commands 134–137; 185
como as; how
cômodo *m.* room
comparison of adjectives and adverbs 77–78
completamente completely
composição *f.* composition; *pl.:* **composições**; 58
compound tenses 228
comprá-las = **comprar** + **las**; 104
comprá-lo = **comprar** + **o**; 104
comprar to buy
compreender to understand
comprido -a long
concluir to conclude
conditional 162–163; 188; 191–194
conditional sentences 188; 191–194
conforme as
conhecê-la = **conhecer** + **a**; 104
conhecer to know; 127
conheço *1st sg. pres. ind.* of **conhecer**
conjugations 123; of irregular verbs 229–253; of regular verbs 227–228
conjuração *f.* conspiracy; *pl.:* **conjurações**; 58
conosco with us; 98
conquanto although; 182
conquistar to win, to conquer
conselho *m.* advice, piece of advice
consigo with you; 98
conspirador *m.* conspirator
constituição *f.* constitution; *pl.:* **constituições**; 58
conta *f.* bill, account; **tomar conta de** to take care of
contanto que provided; 181
contar to count; to tell
continuar to continue
contudo however
convidar to invite
convite *m.* invitation
copo *m.* glass, tumbler
cordilheira *f.* mountain range
corredor *m.* hall
correspondente corresponding
corrigir to correct
cortar to cut; to shave; **cortar o cabelo** to cut hair: to have one's hair cut; **cortar-se** to be shaved
corte *m.* cut, cutting; edge
costume *m.* suit
cousa *f.* thing; **outra cousa** something else
cozinha *f.* kitchen
creio *1st sg. pres. ind.* of **crer**
creme *m.* cream; *adj.* cream, cream-colored
crer to believe, to think; **crer que sim** to think so; 230
criança *f.* child
cruzeiro *m.* Brazilian coin worth about four cents in American money
cuidado *m.* care; **com cuidado** carefully
curtar to shorten
curto -a short
custar to cost

D

da = **de** + **a**; 53
dão *3d pl. pres. ind.* of **dar**
daquela = **de** + **aquela**; 85
daquele = **de** + **aquêle**; 85
daquí = **de aquí** from here
dar to give; **dar um passeio** to take a walk; 231
das = **de** + **as**; 53
data *f.* date
de of, from, with; than (before a numeral), e.g., **mais de quinze minutos** more than fifteen minutes; **mais da metade** more than half; in (after a superlative), e.g., **uma das cidades mais novas e progressivas da América** one of the youngest and most progressive cities in America
dê *1st* and *3d sg. pres. subj.* of **dar**
décimo -a tenth; **décimo primeiro** eleventh; **décimo segundo** twelfth; **décimo terceiro** thirteenth; **décimo quarto** fourteenth
declinar to slope downward

E

enganado -a wrong, mistaken
engordar to get heavy, to put on weight
enorme enormous
enquanto while; 190
ensinar to teach
entanto; no entanto meanwhile
então then
entrada *f.* entrance
entrar to enter; **entrar em férias** to begin one's vacation
entre between; among
era *1st* and *3d sg. imperf. ind.* of **ser**
escola *f.* school
escrever to write
escritório *m.* office
espanhol *m.* Spanish (the language); **espanhol, espanhola** *m.* and *f.* Spaniard; *adj.* Spanish; *pl.:* **espanhóis, espanholas**; 76
esperá-la = **esperar** + **a**; 104
esperar to wait, to wait for; to hope, to hope for
espôsa *f.* wife
espôso *m.* husband
esqueçamo-nos = **esqueçamos** + **nos**; 109
esquecer-se de to forget; 167
esquerdo -a left
esquina *f.* corner
êsse, essa that, that one; **êsses, essas** those; 81, 82, 83
esta *fem.* of **êste**
está *3d sg. pres. ind.* of **estar**
estação *f.* season; station; *pl.:* **estaçoes**; 58
estado *m.* state
Estados Unidos *m.pl.;* **os Estados Unidos** the United States
estão *3d pl. pres. ind.* of **estar**
estar to be; **estar com fome** to be hungry; **estar com frio** to be cold; **estar na hora** to be on time; **está na hora de** it is time to; **estar com sêde** to be thirsty; **estar com sorte** to be lucky; 138, 140, 141, 143, 214; 233
estatísticas *f.pl.* statistics
êste, esta this, this one; **êstes, estas** those; 81, 82
esteja *1st* and *3d sg. pres. subj.* of **estar**
esteve *3d sg. pret. ind.* of **estar**
estive *1st sg. pret. ind.* of **estar**
estou *1st sg. pres. ind.* of **estar**
estrada *f.* road; **estrada de ferro** railroad
estudá-las = **estudar** + **as**; 104
estudar to study
eu I; **eu mesmo -a** I myself; 92
exame *m.* examination
examiná-la = **examinar** + **a**; 104
examinar to examine
exatamente exactly
excelente excellent
exemplo *m.* example; **por exemplo** for example
experimentar to try, to try on
explorar to explore
exportação *f.* exportation
exportar to export

F

faça *1st* and *3d sg. pres. subj.* of **fazer**
fácil easy; *pl.:* **fáceis**; 76
faço *1st sg. pres. ind.* of **fazer**
falar to speak; to say, to tell; **falar em** to speak of
falta *f.* lack
faltar to lack; **falta sòmente uma hora para** it is only an hour till; **faltam cinco para** it is five minutes to
farei *1st sg. fut. ind.* of **fazer**; 161
favor *m.* favor; **faz favor de** please; **por favor** please
faz *3d sg. pres. ind.* of **fazer**
fazê-lo = **fazer** + **o**; 104
fazenda *f.* goods, material
fazer to do, to make; to have made; **fazer a barba** to shave; **fazer a barba com** to be shaved by; **fazer calor** to be warm or hot; **fazer cerimônia** to stand on ceremony; **faz favor de** (**faz** is *pres. ind.* used as a *fut. ind.* with force of *imperative*) you will do (me) the favor of, i.e., please; **fazer frio** to be cold; **não faz mal** that doesn't matter; **fazer uma massagem no rosto** to get a facial; **fazer uma massagem em seu rosto** to massage your face; **fazer uma ondulação permanente** to get a permanent wave; **fazer as unhas** to have the nails done; 215, 223; 234
federal federal; *pl.:* **federais**; 76
feio -a ugly
feira *f.* market
feito -a made, done, finished; **feito sob medida** made to order
feliz happy, successful
felizmente fortunately
feminine: of adjectives 62–70
feminino -a feminine
férias *f.pl.* vacation; 61
ferir to hurt
ferro *m.* iron; **estrada de ferro** railroad

fevereiro *m.* February
ficar to remain; to get, to become; to be; **ficar com** to take (in a purchase); 135, 165, 226
figurar to figure, to stand
filho *m.* son
fim *m.* end; *pl.:* **fins**; 59; **a fim de** to, in order to
finalmente finally, at last
fiz *1st sg. pret. ind.* of **fazer**
fizer *1st* and *3d sg. fut. subj.* of **fazer**
foi *3d sg. pret. ind.* of **ir** and **ser**
fome *f.* hunger; **estar com fome** to be hungry
fomos *1st pl. pret. ind.* of **ir** and **ser**
foram *3d pl. pret. ind.* of **ir** and **ser**
forma *f.* form
formar to form
forte strong
fôsse *1st* and *3d sg. imperf. subj.* of **ir** and **ser**
fracassar to fail
francês *m.* French (the language); **francês, francesa** *m.* and *f.* Frenchman, French woman; *adj.* French
freguês, freguesa *m.* and *f.* customer
frenté *f.* front; **em frente** opposite, across the street; **alí em frente** across the street; **na frente** in the front
frio -a cold; **estar com frio** to be cold; **fazer frio** to be cold
fronteira *f.* frontier
frutas *f.pl.:* fruit; 61
fui *1st sg. pret. ind.* of **ir** and **ser**
future indicative 159–161
future subjunctive 171; uses of 188–189

G

galinha *f.* chicken
garçon *m.* waiter
gastar to spend
gato *m.* cat
geral general; *pl.:* **gerais**; 76
geralmente generally
gerund 143; 201–205
gola *f.* collar (of a coat)
gorjeta *f.* tip
gostar de to like; **gostar mais de** to prefer
gôsto *m.* taste; pleasure
govêrno *m.* government
grande big, large
guaraná *m.* guaraná (Brazilian soft drink)
guarda-chuva *m.* umbrella
guerra *f.* war

H

há there is, there are; ago
habitante *m.* and *f.* inhabitant
havendo *gerund* there being
haver to be; to have; 216–219; 235
haverá *3d sg. fut. ind.* of **haver**
havia *3d sg. imperf. ind.* of **haver**; 219
he 92, 124
heim! eh!
hemisfério *m.* hemisphere
história *f.* history
hoje today; **hoje de manhã** this morning
homem *m.* man; *pl.:* **homens**; 59
hora *f.* hour, time, o'clock; **a que horas?** at what time?; **na hora** on time; **estar na hora** to be on time; **está na hora de** it is time to
hospedar-me-ei *1st sg. fut. ind.* of **hospedar-se**; 108
hospedar-se to stop, to put up
hóspede *m.* guest
hotel *m.* hotel; *pl.:* **hotéis**; 60
houve *3d sg. pret. ind.* of **haver**
houvesse *3d sg. imperf. subj.* of **haver**
hyphen with pronouns 103

I

I 92, 124
ia *1st* and *3d sg. imperf. ind.* of **ir**
idéia *f.* idea
ido *past part.* of **ir**
igreja *f.* church
igualmente likewise
ih! phew!
imaginar to imagine
imperador *m.* emperor
imperfect indicative 154–158; used instead of conditional 192
imperfect subjunctive 170; 187; 191–194
incorporar-se to be incorporated
independência *f.* independence
independente independent
indicar to indicate, to point out; 135, 165
indique *1st* and *3d sg. pres. subj.* of **indicar**
indo *gerund* of **ir**
industrial industrial; *pl.:* **industriais**; 76
infelizmente unfortunately
infinitive 195–199; personal 200
informações *f.pl.* information; 61
informar to inform, to give information
inglés *m.* English (the language); **inglês, inglêsa** *m.* and *f.* Englishman, Englishwoman; *adj.* English; *pl.:* **inglêses, inglêsas**

inimigo *m.* enemy
interior *m.* interior
inverno *m.* winter
ir to go; **ir-se embora** to go away, to leave; **ir para a cama** to go to bed; 203; 220–221; 226; 236
irmã *f.* sister
irmão *m.* brother; *pl.:* **irmãos**; 58
irregular verbs 229–253
-íssimo -a 80
isso that; **isso mesmo** exactly; 84
isto this; 84
italiano *m.* Italian (the language); **italiano -a** *adj.* Italian

J

já already; right away; **até já** good-bye, "so long"; **desde já** right now; **já que** since, inasmuch as
janeiro *m.* January
jantar to dine, to have dinner; *m.* dinner
jardim *m.* garden; *pl.:* **jardins**; 59
João *m.* John
jornal *m.* newspaper; *pl.:* **jornais**; 60
José *m.* Joseph
julho *m.* July
junho *m.* June
juntos -as together

L

lá there (more remote than **alí**)
-la her, it; 104
lado *m.* side; **do outro lado** on the other side
lapela *f.* lapel
laranja *f.* orange
largo -a wide; full
-las them; 104
latino -a Latin
lavar to wash
leite *m.* milk
lê-la = ler + a; 104
lembrar-se de to remember
ler to read; 237
lessem *3d pl. imperf. subj.* of **ler**
let's 185; 221
lhe him, to him, for him; her, to her, for her; you, to you, for you; it; 99
liaison 42
liberdade *f.* freedom, liberty
lição *f.* lesson; *pl.:* **lições**; 58
lindo -a pretty
língua *f.* language
linha *f.* line, outline
linho *m.* linen
Lisboa *f.* Lisbon
liso -a plain
livraria *f.* bookstore
livro *m.* book
-lo him, it; 104
loção *f.* lotion; *pl.:* **loções**; 58
logo right away; **até logo** good-bye, "so long," see you later; **logo que** as soon as; 189
loja *f.* store
Londres London
longe de far from
-los them; 104
lugar *m.* place; seat; **em primeiro lugar** in the first place
lutar to fight, to struggle

M

maçã *f.* apple
macio -a soft
mãe *f.* mother
maio *m.* May
maior greater, greatest; larger, largest; **a maior parte** most; **em sua maior parte** for the most part; **o maior** the largest; 77
mais more; **a mais** extra, more, longer; **mais ou menos** more or less, so so; **mais alguma coisa** anything else
mal badly, poorly; **não faz mal** it doesn't matter
mala *f.* bag, handbag
mamãe *f.* mama, mother
Manáus capital of the state of Amazonas, Brazil
mandar to send; to order; to have; 222
maneira *f.* manner, way; **de uma maneira deliciosa** in a delicious way, deliciously
manga *f.* sleeve
manhã *f.* morning; **amanhã de manhã** tomorrow morning; **café da manhã** breakfast; **hoje de manhã** this morning
manicura *f.* manicurist
manteiga *f.* butter
mão *f.* hand; *pl.:* **mãos**; 58
mapa *m.* map
mar *m.* sea
marcar to mark; **marcar uma hora** to set a time; 135, 165
março *m.* March
Maria *f.* Mary
marido *m.* husband
marque *1st* and *3d sg. pres. subj.* of **marcar**
mas but
massagem *f.* massage; **fazer uma massagem no rosto** to get a facial; **fazer uma massagem em seu rosto** to massage your face; *pl.:* **massagens**; 59
me me, to me; 99, 107
medida *f.* measure, measurement; **sob medida** by measure, to order; **tirar as medidas** to take measurements

obrigado-a thanks (This word agrees in gender with the person using it)
obter to obtain (This verb is conjugated like **ter**); 44
ocupado -a busy
oferecer to offer; 167
Oh! Oh!
oitavo -a eighth
oitenta eighty
oito eight
oitocentos eight hundred
olhar to look; **olhar para** to look at
onde where
ondulação *f.* wave; **fazer uma ondulação permanente** to get a permanent wave; *pl.:* **ondulações**; 58
ônibus *m.* bus
ontem yesterday; **ontem à noite** last night
onze eleven
opinião *f.* opinion; *pl.:* **opiniões**; 58
oportunidade *f.* chance, opportunity; **a oportunidade de** the opportunity to
ordem *f.* order, command; **às ordens** at your service; **às suas ordens** at your service; *pl.:* **ordens**; 59
order of pronouns 100, 101, 103, 105, 108
ordinal numerals 122
organizá-lo = **organizar** + **o**; 104
organizar to organize
orgulhar-se to be proud
os *masc. pl. def. art.* the; *pron.* them
ótimo -a very good, excellent; 80
ou or
ouço *1st sg. pres. ind.* of **ouvir**
ouro *m.* gold
outono *m.* autumn
outro -a other, another; **outra cousa** something else
ouvir to hear; **ouvir dizer que** to hear that; 239

P

pagá-las = **pagar** + **las**; 104
pagar to pay, to pay for; **pagar por** to pay for; 166
pague *1st* and *3d sg. pres. subj.* of **pagar**
país *m.* country
paletó *m.* coat (of suit)
pão *m.* bread; loaf of bread; *pl.:* **pães**; 58
pãozinho *m.* roll; *pl.:* **pãezinhos**
papai *m.* papa, father
par *m.* pair
para for, to, in order to; by
Paraguai *m.*; **o Paraguai** Paraguay
paralelo -a parallel
parecer to appear; **parece-me** I think; 167
París *m.* Paris
parte *f.* part; **a maior parte** most; **em sua maior parte** for the most part
partir to leave
passado -a last
passageiro *m.* passenger
passagem *f.* fare, passage; *pl.:* **passagens**; 59
passar to pass, to hand; to put; to exceed; to be (of health)
passeio *m.* walk, ride; **dar um passeio** to take a walk
passive voice 146
past conditional 193
past participle 146; 206–208
paulista *m.* and *f.* native of São Paulo; *adj.* of São Paulo
Paulo *m.* Paul
pé *m.* foot; **em pé** standing
peça *f.* piece, bolt; play
peça *1st* and *3d sg. pres. subj.* of **pedir**
pedir to ask, to ask for; 240
pedra *f.* stone
Pedro *m.* Peter
pela = **por** + **a**; 55
pelas = **por** + **as**; 55
pele *f.* skin
pelo = **por** + **o**; 55
pelos = **por** + **os**; 55
pena *f.* trouble; **valer a pena** to be worthwhile
penetrar to penetrate
pensão *f.* boarding-house; *pl.:* **pensões**; 58
pensar to think
pequeno -a little, small
perder to lose; to miss; 241
perdoar to pardon, excuse
perfect subjunctive 186
perfeitamente fine, exactly, perfectly
pergunta *f.* question
permanência *f.* stay
permanente permanent
permitir to permit
perto *adv.* near; **perto de** *prep.* near
pesar *m.*; **a pesar de** in spite of
Petrópolis city in the state of Rio de Janeiro
planalto *m.* plateau
planície *f.* plain
plano *m.* plan
pluperfect indicative 219
pluperfect subjunctive 193
plural: of adjectives 71–76; of nouns 56–61; with singular meaning in English 61
pode *3d sg. pres. ind.* of **poder**
pôde *3d sg. pret. ind.* of **poder**
poder to be able, can; 242
pois well; for, because; **pois não** why yes, all right

poltrona *f.* chair (in train); armchair
ponha *1st* and *3d sg. pres. subj.* of **pôr**
ponto *m.* point; **em ponto** sharp
população *f.* population; *pl.:* **populações**; 58
por by; because of; **por que?** why?; **por que trem?** by what train?
pôr to put, to place; **pôr água na boca** to make the mouth water; 243
porém however, though
porque because
porta *f.* door
portanto therefore
Portugal *m.* Portugal
português *m.* Portuguese (the language); **português, portuguêsa** *m.* and *f.* Portuguese (person); *adj.* Portuguese; *pl.:* **portuguêses, portuguêsas**
pôs *3d sg. pret. ind.* of **pôr**
position: of adjectives 62; of pronouns 100, 101, 105
possessive adjectives 87–91
possessive pronouns 87–89
possível possible; *pl.:* **possíveis**; 76
posso *1st sg. pres. ind.* of **poder**
possui *3d sg. pres. ind.* of **possuir**
possuir to have, to possess; 129
pouco little; **um pouco** a little
pouquinho very little; **um pouquinho** a very little, a little bit
praia *f.* seashore, beach
prato *m.* dish
prazer *m.* pleasure
precioso -a precious; 73
precisar to have to; **precisar de** to need to
preciso -a necessary
preço *m.* price
preferência *f.* preference
preferir to prefer; 130
preferível preferable; *pl.:* **preferíveis**; 76
prefiro *1st sg. pres. ind.* of **preferir**
prega *f.* pleat
pregar to sew, to sew on; 166
preguiçoso -a lazy; 73
preparam-no = **preparam + o**; 106
preparar to prepare
prepositions: combined with definite article 52–55; before infinitive 195–199
present indicative 124–133; with force of future 133; with **enquanto** 190
present subjunctive 164–169
pretender to intend; to attempt, to try
preterit indicative 148–153
preto -a black
primavera *f.* spring
primeiro -a first; **décimo primeiro** eleventh
primo *m.* cousin
principal principal, main, chief; *pl.:* **principais**; 76
principalmente especially
príncipe *m.* prince
proclamador *m.* proclaimer
proclamar to proclaim
procurar to seek, to look for, to seek out
producto *m.* product
professor *m.* professor, teacher
profissional *m.* professional, expert; *pl.:* **profissionais**; 60
progressivo -a progressive
progresso *m.* progress
proibir to prohibit
prometer to promise
promulgar to promulgate; 166
pronouns: demonstrative 81–86; interrogative 112–114; personal 92–106; position of 100, 101, 105; possessive 87–89; reflexive 107–111; relative 115–118
pronto -a ready, finished
pronunciation 1–44
propósito *m.* plan, purpose; **a propósito** by the way; **a propósito de** with regard to
prova *f.* fitting
próximo -a next
publicar to publish; 135, 165
publicaram-no = **publicaram + o**; 106
pude *1st sg. pret. ind.* of **poder**
puder *1st* and *3d sg. fut. subj.* of **poder**
pusermos *1st pl. fut. subj.* of **pôr**

Q

quadrado -a square
quaisquer *pl.* of **qualquer**
qual what; **o qual** which; *pl.:* **quais**; 112; 116
qualidade *f.* quality
qualquer any; **qualquer cousa** anything
quando when; 189
quanto *adv.* how much, how hard; *adj.* **quanto -a** how much; **por quanto tempo** how long; **quantos -as** how many
quarenta forty
quarta-feira *f.* Wednesday
quarto m. room, bedroom: quarter (of an hour); **quarto de dormir** bedroom; **quarto -a** *adj.* fourth; **décimo quarto** fourteenth
quasi almost
quatorze fourteen

T

trocar to change; to exchange; **dinheiro trocado** change; 135, 165
trôco *m.* change
trono *m.* throne
trouxe *1st* and *3d sg. pret. ind.* of **trazer**
trouxemos *1st pl. pret. ind.* of **trazer**
trouxeram *3d pl. pret. ind.* of **trazer**
tudo everything

U

último -a last, recent
um, uma a; one
unha *f.* nail; **fazer as unhas** to have the nails done
unir to unite, to join
universidade *f.* university
uns, umas some
usá-las = **usar** + **las**; 104
usar to use; to wear
uso *m.* use
útil useful; *pl.:* **úteis**; 76

V

vá *1st* and *3d sg. pres. subj.* of **ir**
vago -a vacant, free
vai *3d sg. pres. ind.* of **ir**
valer to be worth; **valer a pena** to be worthwhile; 251
vamos *1st pl. pres. ind.* and *pres. subj.* of **ir**
vão *3d pl. pres. ind.* and *pres. subj.* of **ir**
vários -as several
vasto -a vast
vê *3d sg. pres. ind.* of **ver**
vêem *3d pl. pres. ind.* of **ver**
vêem-no = **vêem** + **o**; 106
vejo *1st sg. pres. ind.* of **ver**
vê-la = **ver** + **a**; 104
velho -a old
vem *3d sg. pres. ind.* of **vir**
vemo-lo = **vemos** + **o**; 104
vemos *1st pl. pres. ind.* of **ver**
vender to sell
Veneza *f.* Venice
venha *1st* and *3d sg. pres. subj.* of **vender**
ventar to blow, to be windy
ver to see; 252
verão *m.* summer; *pl.:* **verões**; 58
verdade *f.* truth; **é verdade** it is true
verde green
vermelho -a red
vestido *m.* dress
vestí-lo = **vestir** + **o**; 104
vestir to put on (clothing); 130
vez *f.* time; *pl.:* **vêzes**
vi *1st sg. pret. ind.* of **ver**
viagem *f.* trip, voyage; **boa viagem** bon voyage, a pleasant journey!
viajar to travel
vida *f.* life, lifetime
vier *1st* and *3d sg. fut. subj.* of **vir**
vim *1st sg. pret. ind.* of **vir**
vimo-lo = **vimos** + **o**; 104
vimos *1st pl. pret. ind.* of **ver**
vindo *past part.* of **vir**
vinho *m.* wine
vinte twenty
vir to come; 203, 253
viram *3d pl. pret. ind.* of **ver**
viram-no = **viram** + **o**; 106
visita *f.* visit
visitar to visit
vista *f.* view
vitrina *f.* show window
viu *3d sg. pret. ind.* of **ver**
vizinho -a *m.* and *f.* neighbor; *adj.* neighboring, next door
você you; 93–94; 124
voltar to return, to come back
vontade *f.* will, wish; **ter vontade de** to be anxious to
vou *1st sg. pres. ind.* of **ir**

W, Y, Z

we 92
what 112; 117
which 115
who 113
whom 113; 118
word-order: of pronouns 100, 101, 103, 105, 108
you 92; 93–94; 124
zangado -a angry